BEGINNER'S IRISH DICTIONARY

Helen Davies
Translated by Yvonne Carroll
Illustrated by John Shackell
Designed by Brian Robertson

Gill & Macmillan

Contents

Using this book

This book contains over 2,000 useful Irish words, with pictures to help you remember them. To help you identify words, nouns (naming words) are printed in roman lettering (**leabhar,** book) and verbs (doing words), adjectives (describing words) and phrases in italics [*mór*, big]

Nouns

You will meet a large number of nouns in the following pages. These nouns are generally stated in their simplest form. It is very important to realise, however, that all Irish nouns are either masculine or feminine (this is called their gender), and that their beginnings and/or endings may change depending on case (there are 5 cases) and on number (singular or plural). When you read the chapter on Grammar Hints you will see more clearly the manner in which Irish nouns may change their beginnings and/or endings according to gender, case and number.

rinceoir bailé

Adjectives

Generally speaking adjectives in this book are stated in their simplest form. Adjectives in Irish also change their beginnings and/or endings depending on the gender, case and number of the noun they are describing. You can find out some helpful information on the use of adjectives in Irish on pages 97 and 99 of the chapter on Grammar Hints.

tanaí

Verbs

Throughout the book the part of the verb which is emphasised is the verbal noun (searching, hiding in English). You can find out how to use verbs on page 99 and there is a list of irregular verbs on page 101. Irregular verbs in Irish are used very frequently in everyday speech.

ag cuardach

Meeting people

Dia duit.	Hello	**fear**	man
Slán leat.	Goodbye	**bean**	woman
Feicfidh mé ar ball tú.	See you later.	**leanbh**	baby
ag croitheadh láimhe le . . .	shaking hands	**buachaill**	boy
ag pógadh	kissing	**cailín**	girl

ag cur in aithne	introducing	**Conas tá tú?**	How are you?
cara	friend	**Go han-mhaith, go raibh maith agat.**	Very well, thank you.
cara	friend		
ag bualadh le . . .	meeting		

ag comhrá	chatting
Is ea.	Yes
Ní hea.	No
Aontaím.	I agree
ag rá	saying
ag scairteadh gáire	bursting out laughing

ag comhrá

Is ea.

Ní hea.

Aontaím.

ag rá

ag scairteadh gáire

ainm

ainm baiste

sloinne

ainm	name
ainm baiste	first name
sloinne	surname
Céard is ainm duit?	What's your name?
. . . is ainm dom.	My name is . . .
. . is ainm dó.	His name is . . .

. . . is ainm dom.

. . . is ainm dó.

Céard is ainm duit?

aois

Cén aois thú?

óg

níos sine ná

níos óige ná

sean

Táim fiche bliain d'aois.

ar comhaois

aois	age	**sean**	old
Cén aois thú?	How old are you?	**níos sine ná**	older than
Táim fiche bliain d'aois.	I'm twenty.	**níos óige ná**	younger than
óg	young	**ar comhaois**	the same age

5

Families

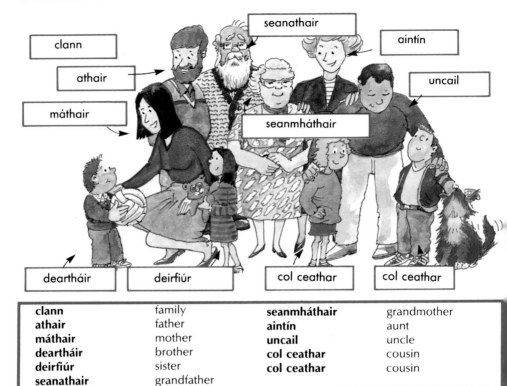

clann	family	seanmháthair	grandmother
athair	father	aintín	aunt
máthair	mother	uncail	uncle
deartháir	brother	col ceathar	cousin
deirfiúr	sister	col ceathar	cousin
seanathair	grandfather		

a bheith gaolta le . . .	to be related	gairníon	granddaughter
mac	son	a bheith ceanúil ar . . .	to be fond of
iníon	daughter		
ag tógáil	rearing	nia	nephew
garmhac	grandson	neacht	niece

6

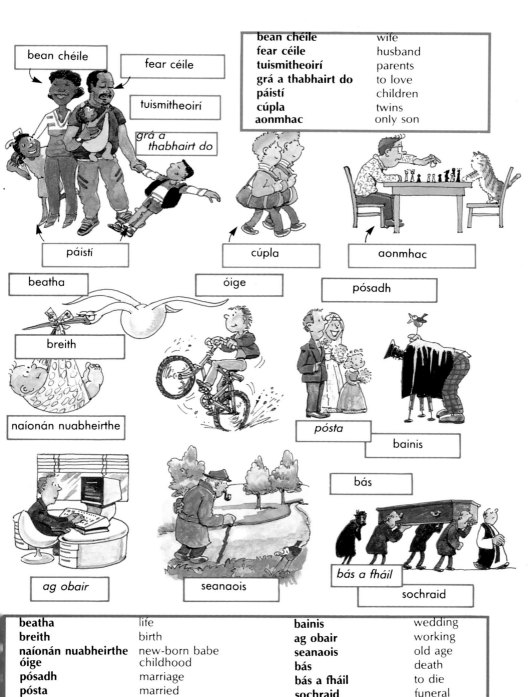

bean chéile	wife
fear céile	husband
tuismitheoirí	parents
grá a thabhairt do	to love
páistí	children
cúpla	twins
aonmhac	only son

bean chéile

fear céile

tuismitheoirí

grá a thabhairt do

páistí

cúpla

aonmhac

beatha

óige

pósadh

breith

naíonán nuabheirthe

pósta

bainis

bás

ag obair

seanaois

bás a fháil

sochraid

beatha	life	bainis	wedding
breith	birth	ag obair	working
naíonán nuabheirthe	new-born babe	seanaois	old age
óige	childhood	bás	death
pósadh	marriage	bás a fháil	to die
pósta	married	sochraid	funeral

7

Appearance and personality

gleoite

dathúil

gleoite	pretty
dathúil	handsome
láidir	strong
lag	weak
tanaí	thin
seang	slim
ramhar	fat

láidir

tanaí

lag

seang

ramhar

gruaig fhionn

maol

gruaig dhonn

gruaig rua

gruaig dhíreach

gruaig chatach

frainse

trilseáin

gruaig fhionn	blond hair	gruaig chatach	curly hair
gruaig dhonn	brown hair	frainse	a fringe
gruaig rua	red hair	trilseáin	plaits
gruaig dhíreach	straight hair	maol	bald

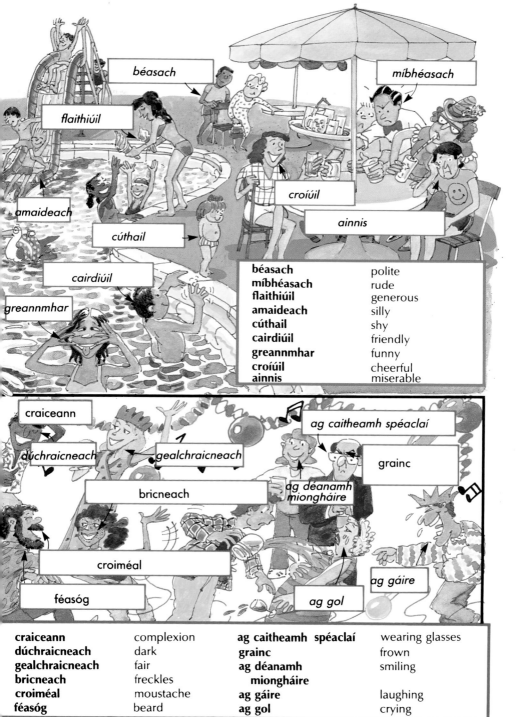

béasach

míbhéasach

flaithiúil

amaideach

croíúil

ainnis

cúthail

cairdiúil

greannmhar

béasach	polite
míbhéasach	rude
flaithiúil	generous
amaideach	silly
cúthail	shy
cairdiúil	friendly
greannmhar	funny
croíúil	cheerful
ainnis	miserable

craiceann

dúchraicneach

gealchraicneach

ag caitheamh spéaclaí

grainc

bricneach

ag déanamh miongháire

croiméal

féasóg

ag gol

ag gáire

craiceann	complexion	ag caitheamh spéaclaí	wearing glasses
dúchraicneach	dark	grainc	frown
gealchraicneach	fair	ag déanamh miongháire	smiling
bricneach	freckles		
croiméal	moustache	ag gáire	laughing
féasóg	beard	ag gol	crying

Your body

ceann	head
gruaig	hair
aghaidh	face
craiceann	skin
súil	eye
leiceann	cheek
srón	nose
cluas	ear
béal	mouth
fiacail	tooth
teanga	tongue
liopa	lip
muineál	neck
smig	chin

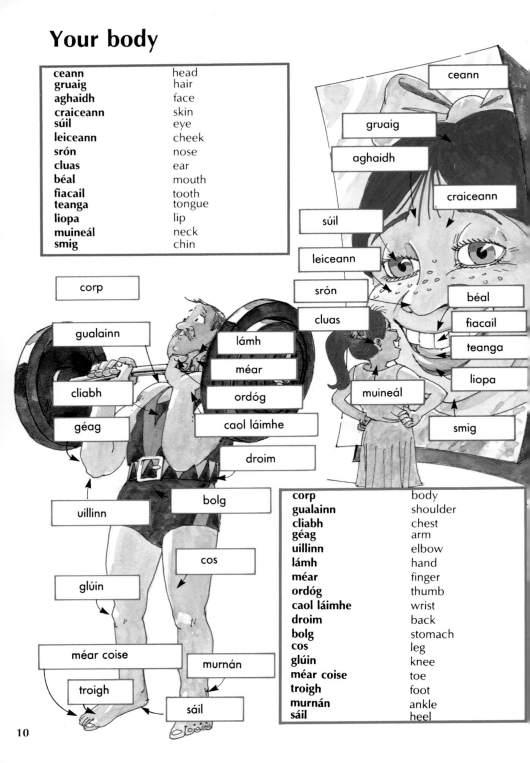

ceann

gruaig

aghaidh

craiceann

súil

leiceann

srón

cluas

béal

fiacail

teanga

liopa

corp

gualainn

lámh

méar

cliabh

ordóg

muineál

géag

caol láimhe

smig

droim

bolg

uillinn

cos

glúin

méar coise

murnán

troigh

sáil

corp	body
gualainn	shoulder
cliabh	chest
géag	arm
uillinn	elbow
lámh	hand
méar	finger
ordóg	thumb
caol láimhe	wrist
droim	back
bolg	stomach
cos	leg
glúin	knee
méar coise	toe
troigh	foot
murnán	ankle
sáil	heel

10

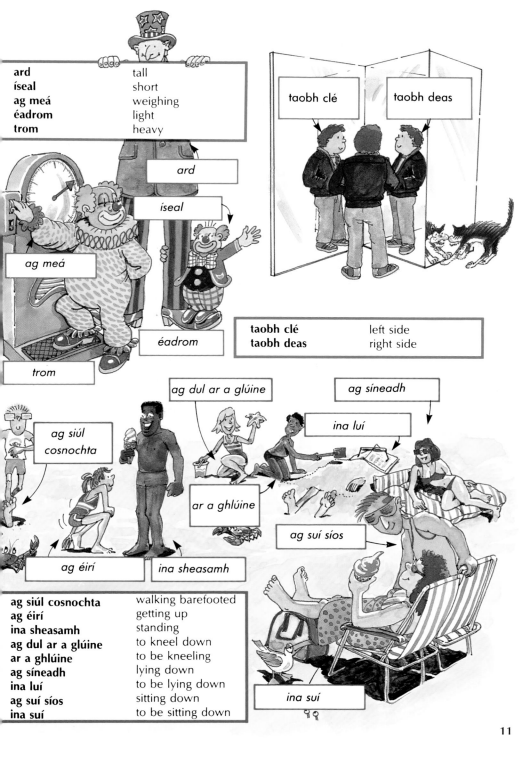

ard	tall
íseal	short
ag meá	weighing
éadrom	light
trom	heavy

taobh clé

taobh deas

ard

íseal

ag meá

éadrom

trom

taobh clé	left side
taobh deas	right side

ag dul ar a glúine

ag síneadh

ina luí

ag siúl cosnochta

ar a ghlúine

ag suí síos

ag éirí

ina sheasamh

ina suí

ag siúl cosnochta	walking barefooted
ag éirí	getting up
ina sheasamh	standing
ag dul ar a glúine	to kneel down
ar a ghlúine	to be kneeling
ag síneadh	lying down
ina luí	to be lying down
ag suí síos	sitting down
ina suí	to be sitting down

11

Houses and homes

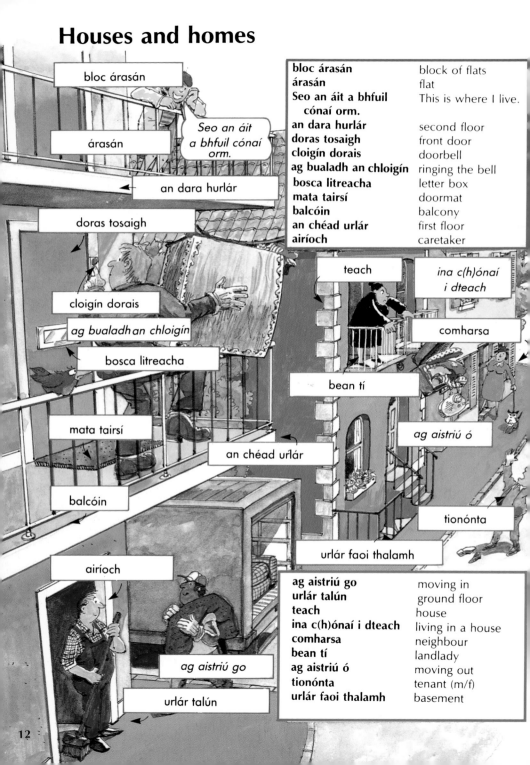

bloc árasán

árasán

Seo an áit a bhfuil cónaí orm.

an dara hurlár

doras tosaigh

cloigín dorais

ag bualadh an chloigín

bosca litreacha

mata tairsí

an chéad urlár

balcóin

airíoch

ag aistriú go

urlár talún

teach

ina c(h)ónaí i dteach

comharsa

bean tí

ag aistriú ó

tionónta

urlár faoi thalamh

bloc árasán	block of flats
árasán	flat
Seo an áit a bhfuil cónaí orm.	This is where I live.
an dara hurlár	second floor
doras tosaigh	front door
cloigín dorais	doorbell
ag bualadh an chloigín	ringing the bell
bosca litreacha	letter box
mata tairsí	doormat
balcóin	balcony
an chéad urlár	first floor
airíoch	caretaker

ag aistriú go	moving in
urlár talún	ground floor
teach	house
ina c(h)ónaí i dteach	living in a house
comharsa	neighbour
bean tí	landlady
ag aistriú ó	moving out
tionónta	tenant (m/f)
urlár faoi thalamh	basement

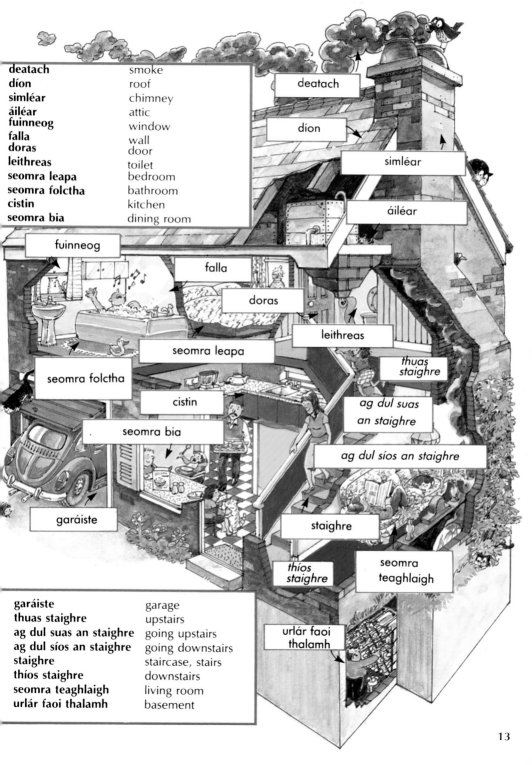

deatach	smoke
díon	roof
simléar	chimney
áiléar	attic
fuinneog	window
falla	wall
doras	door
leithreas	toilet
seomra leapa	bedroom
seomra folctha	bathroom
cistin	kitchen
seomra bia	dining room

deatach

díon

simléar

áiléar

fuinneog

falla

doras

leithreas

seomra leapa

seomra folctha

cistin

seomra bia

thuas staighre

ag dul suas an staighre

ag dul síos an staighre

garáiste

staighre

thíos staighre

seomra teaghlaigh

urlár faoi thalamh

garáiste	garage
thuas staighre	upstairs
ag dul suas an staighre	going upstairs
ag dul síos an staighre	going downstairs
staighre	staircase, stairs
thíos staighre	downstairs
seomra teaghlaigh	living room
urlár faoi thalamh	basement

13

Dining room and living room

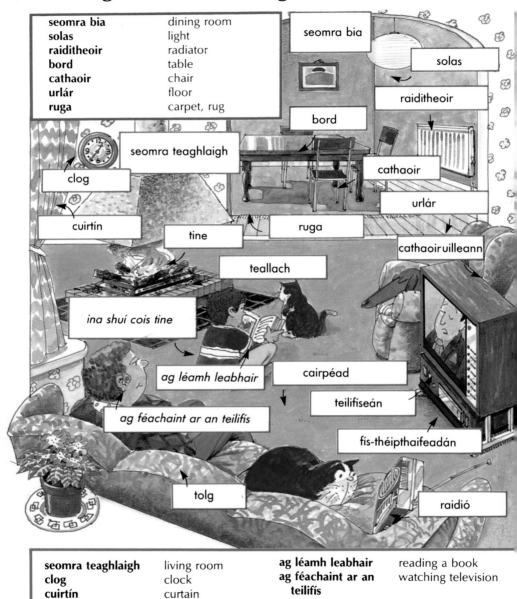

seomra bia	dining room
solas	light
raiditheoir	radiator
bord	table
cathaoir	chair
urlár	floor
ruga	carpet, rug

seomra bia

solas

raiditheoir

bord

cathaoir

urlár

ruga

seomra teaghlaigh

clog

cuirtín

tine

teallach

ina shuí cois tine

ag léamh leabhair

ag féachaint ar an teilifís

cathaoir uilleann

cairpéad

teilifíseán

fís-théipthaifeadán

tolg

raidió

seomra teaghlaigh	living room	**ag léamh leabhair**	reading a book
clog	clock	**ag féachaint ar an teilifís**	watching television
cuirtín	curtain		
tine	fire	**tolg**	sofa
teallach	fireplace	**cairpéad**	carpet
cathaoir uilleann	armchair	**teilifíseán**	television
ina shuí cois tine	sitting at the fire	**fís-théipthaifeadán**	video
		raidió	radio

In the kitchen

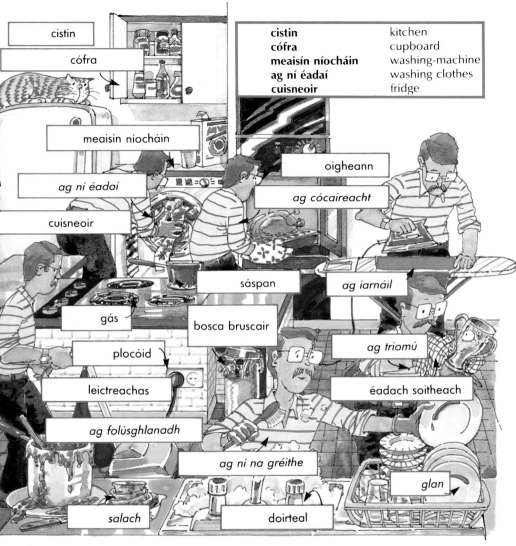

cistin

cófra

meaisín níocháin

ag ní éadaí

cuisneoir

oigheann

ag cócaireacht

sáspan

ag iarnáil

gás

bosca bruscair

plocóid

ag triomú

leictreachas

éadach soitheach

ag folúsghlanadh

ag ní na gréithe

glan

salach

doirteal

cistin	kitchen
cófra	cupboard
meaisín níocháin	washing-machine
ag ní éadaí	washing clothes
cuisneoir	fridge

oigheann	oven
ag cócaireacht	cooking
sáspan	saucepan
gás	gas
bosca bruscair	bin
ag iarnáil	ironing
plocóid	plug
leictreachas	electricity

ag folúsghlanadh	vacuuming
ag ní na gréithe	washing-up
salach	dirty
doirteal	sink
ag triomú	drying
éadach soitheach	tea towel
glan	clean

In the garden

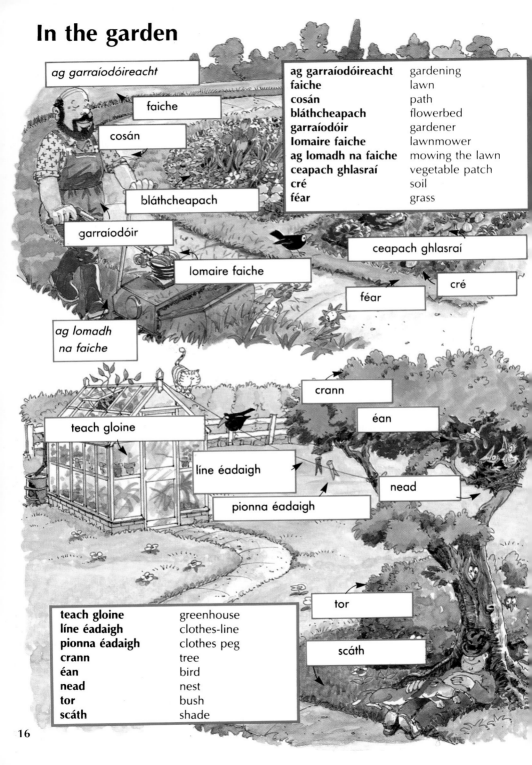

ag garraíodóireacht

faiche

cosán

bláthcheapach

garraíodóir

lomaire faiche

ag lomadh na faiche

ceapach ghlasraí

cré

féar

ag garraíodóireacht	gardening
faiche	lawn
cosán	path
bláthcheapach	flowerbed
garraíodóir	gardener
lomaire faiche	lawnmower
ag lomadh na faiche	mowing the lawn
ceapach ghlasraí	vegetable patch
cré	soil
féar	grass

crann

éan

teach gloine

líne éadaigh

pionna éadaigh

nead

tor

scáth

teach gloine	greenhouse
líne éadaigh	clothes-line
pionna éadaigh	clothes peg
crann	tree
éan	bird
nead	nest
tor	bush
scáth	shade

16

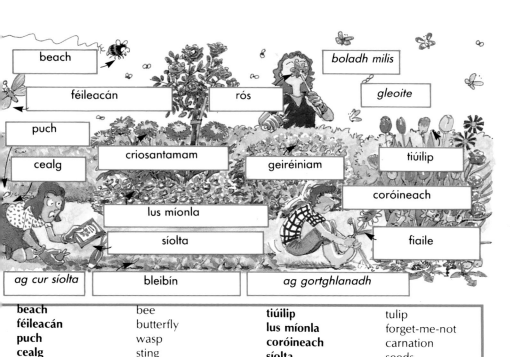

beach	bee	**tiúilip**	tulip
féileacán	butterfly	**lus míonla**	forget-me-not
puch	wasp	**coróineach**	carnation
cealg	sting	**síolta**	seeds
rós	rose	**ag cur síolta**	planting
boladh milis	sweet smell	**bleibín**	bulb
gleoite	pretty, lovely	**ag gortghlanadh**	weeding
criosantamam	chrysanthemum	**fiaile**	weed
geiréiniam	geranium		

both ghairdín	garden shed
barra rotha	wheelbarrow
lián	trowel
ráca	rake
láí	spade
forc gairdín	fork
canna spréite	watering can

Pets

madra	dog
cró	kennel
coileán	puppy
fionnadh	fur
lapa	paw
spórtúil	playful
ag tafann	barking
FAINIC THÚ FÉIN AR AN MADRA!	BEWARE OF THE DOG!
ag dul sa tóir ar . . .	chasing
ag dul faoi dhéin	fetching
eireaball	tail
ag croitheadh a eireabaill	wagging its tail
ag drannadh	growling
dul ag spaisteoireacht	to go for a walk

madra

cró

coileán

fionnadh

lapa

spórtúil

ag tafann

FAINIC THÚ FÉIN AR AN MADRA!

ag dul sa tóir ar

ag drannadh

ag dul faoi dhéin

eireaball

ag croitheadh a eireabaill

dul ag spaisteoireacht

cat	cat
ciseán	basket
ag crónán	purring
piscín	kitten
ag meamhlach	miaowing
ag síneadh	stretching
crúb	claw
bog	soft
gleoite	sweet

cat

ciseán

ag crónán

piscín

ag meamhlach

ag síneadh

crúb

bog

gleoite

canáraí	canary	**coinín**	rabbit
ar fara	perching	**tortóis**	tortoise
sciathán	wing	**cás**	cage
gob	beak	**ag cothú**	feeding
cleite	feather	**iasc órga**	goldfish
hamstar	hamster	**luch**	mouse
gráinneog	hedgehog	**babhla**	bowl
muc ghuine	guinea pig		

canáraí

sciathán

hamstar

ar fara

gob

cleite

gráinneog

muc ghuine

coinín

tortóis

cás

ag cothú

iasc órga

luch

babhla

19

Getting up

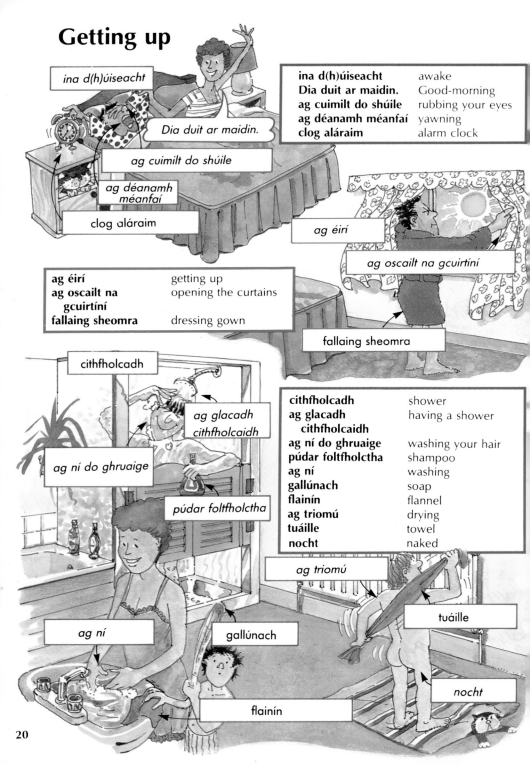

ina d(h)úiseacht

Dia duit ar maidin.

ag cuimilt do shúile

ag déanamh méanfaí

clog aláraim

ina d(h)úiseacht	awake
Dia duit ar maidin.	Good-morning
ag cuimilt do shúile	rubbing your eyes
ag déanamh méanfaí	yawning
clog aláraim	alarm clock

ag éirí

ag oscailt na gcuirtíní

ag éirí	getting up
ag oscailt na gcuirtíní	opening the curtains
fallaing sheomra	dressing gown

fallaing sheomra

cithfholcadh

ag glacadh cithfholcaidh

ag ní do ghruaige

púdar foltfholctha

cithfholcadh	shower
ag glacadh cithfholcaidh	having a shower
ag ní do ghruaige	washing your hair
púdar foltfholctha	shampoo
ag ní	washing
gallúnach	soap
flainín	flannel
ag triomú	drying
tuáille	towel
nocht	naked

ag triomú

tuáille

ag ní

gallúnach

nocht

flainín

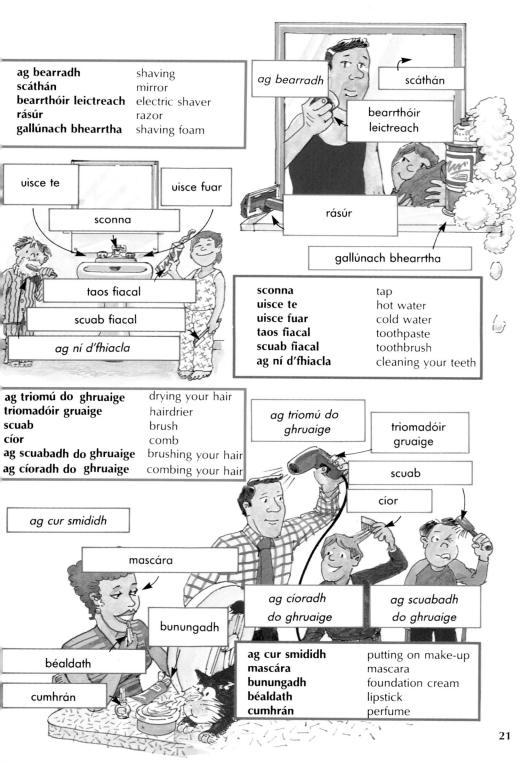

ag bearradh	shaving
scáthán	mirror
bearrthóir leictreach	electric shaver
rásúr	razor
gallúnach bhearrtha	shaving foam

ag bearradh

scáthán

bearrthóir leictreach

rásúr

gallúnach bhearrtha

uisce te

uisce fuar

sconna

taos fiacal

scuab fiacal

ag ní d'fhiacla

sconna	tap
uisce te	hot water
uisce fuar	cold water
taos fiacal	toothpaste
scuab fiacal	toothbrush
ag ní d'fhiacla	cleaning your teeth

ag triomú do ghruaige	drying your hair
triomadóir gruaige	hairdrier
scuab	brush
cíor	comb
ag scuabadh do ghruaige	brushing your hair
ag cíoradh do ghruaige	combing your hair

ag triomú do ghruaige

triomadóir gruaige

scuab

cíor

ag cur smididh

mascára

ag cíoradh do ghruaige

ag scuabadh do ghruaige

bunungadh

béaldath

cumhrán

ag cur smididh	putting on make-up
mascára	mascara
bunungadh	foundation cream
béaldath	lipstick
cumhrán	perfume

21

Clothes

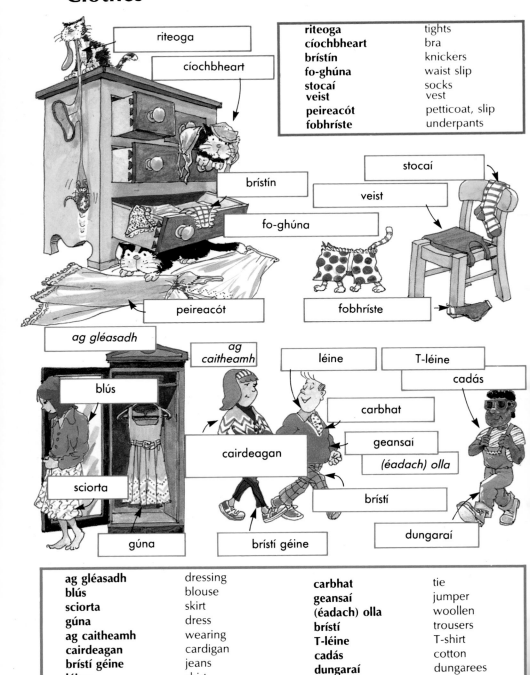

riteoga	tights		
cíochbheart	bra		
brístín	knickers		
fo-ghúna	waist slip		
stocaí	socks		
veist	vest		
peireacót	petticoat, slip		
fobhríste	underpants		

riteoga

cíochbheart

brístín

fo-ghúna

stocaí

veist

peireacót

fobhríste

ag gléasadh

ag caitheamh

léine

T-léine

cadás

blús

carbhat

geansaí

(éadach) olla

cairdeagan

brístí

sciorta

dungaraí

gúna

brístí géine

ag gléasadh	dressing	**carbhat**	tie
blús	blouse	**geansaí**	jumper
sciorta	skirt	**(éadach) olla**	woollen
gúna	dress	**brístí**	trousers
ag caitheamh	wearing	**T-léine**	T-shirt
cairdeagan	cardigan	**cadás**	cotton
brístí géine	jeans	**dungaraí**	dungarees
léine	shirt		

22

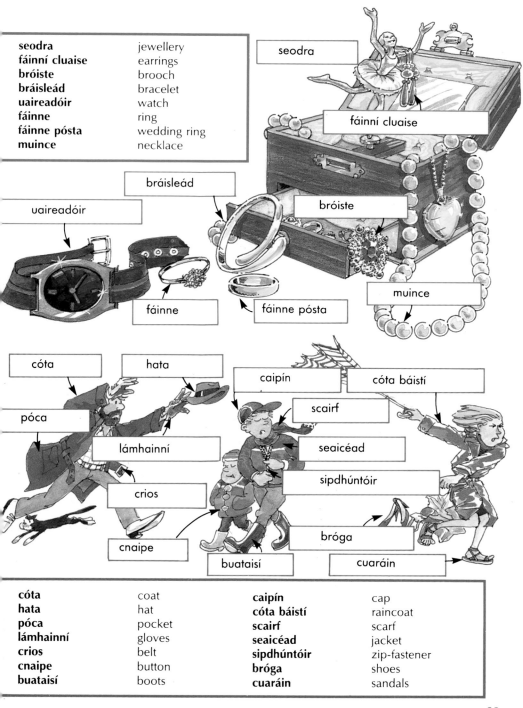

seodra	jewellery
fáinní cluaise	earrings
bróiste	brooch
bráisleád	bracelet
uaireadóir	watch
fáinne	ring
fáinne pósta	wedding ring
muince	necklace

seodra

fáinní cluaise

bráisleád

bróiste

uaireadóir

muince

fáinne

fáinne pósta

cóta

hata

caipín

cóta báistí

scairf

póca

lámhainní

seaicéad

sipdhúntóir

crios

bróga

cnaipe

buataisí

cuaráin

cóta	coat	**caipín**	cap
hata	hat	**cóta báistí**	raincoat
póca	pocket	**scairf**	scarf
lámhainní	gloves	**seaicéad**	jacket
crios	belt	**sipdhúntóir**	zip-fastener
cnaipe	button	**bróga**	shoes
buataisí	boots	**cuaráin**	sandals

Going to bed

am codlata	bedtime
ag lasadh an tsolais	switching on the light
codlatach	sleepy
ag cur slacht ar	tidying up
ag baint a gcuid éadaí	getting undressed

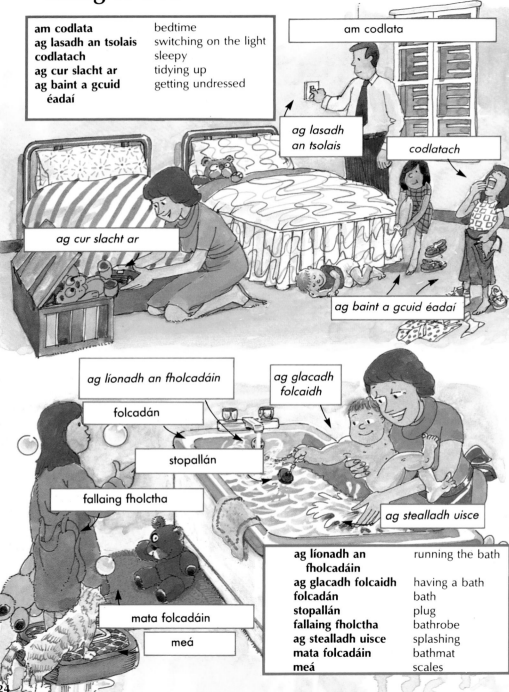

am codlata

ag lasadh an tsolais

codlatach

ag cur slacht ar

ag baint a gcuid éadaí

ag líonadh an fholcadáin

folcadán

ag glacadh folcaidh

stopallán

fallaing fholctha

ag stealladh uisce

mata folcadáin

meá

ag líonadh an fholcadáin	running the bath
ag glacadh folcaidh	having a bath
folcadán	bath
stopallán	plug
fallaing fholctha	bathrobe
ag stealladh uisce	splashing
mata folcadáin	bathmat
meá	scales

ag dul a luí	going to bed		
culaith leapa	pyjamas		
gúna leapa	nightdress		
slipéirí	slippers		

ag dul a luí

culaith leapa

gúna leapa

slipéirí

suantraí

ag léamh scéil

cliabhán

ag titim ina c(h)odladh

suantraí	lullaby
ag léamh scéil	reading a story
cliabhán	cot
ag titim ina c(h)odladh	falling asleep

Oíche mhaith.

Codladh sámh.

brionglóid

ag srannadh

ina c(h)odladh

piliúr

ag múchadh an tsolais

lampa

braillín

cuilt

scaraoid leapa

taisceadán

leaba

Oíche mhaith.	Good-night.	**taisceadán**	bedside table
Codladh sámh.	Sleep well.	**cuilt**	duvet
brionglóid	dream	**leaba**	bed
ina c(h)odladh	sleeping	**ag srannadh**	snoring
ag múchadh an tsolais	switching off the light	**piliúr**	pillow
		braillín	sheet
lampa	lamp	**scaraoid leapa**	bedspread

25

Eating and drinking

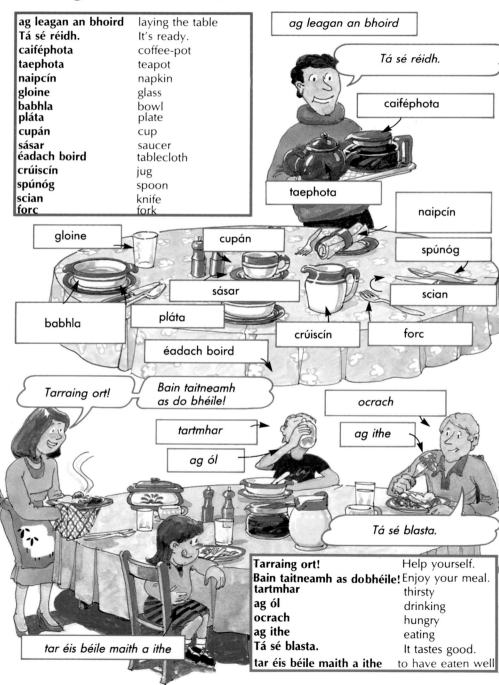

ag leagan an bhoird	laying the table
Tá sé réidh.	It's ready.
caiféphota	coffee-pot
taephota	teapot
naipcín	napkin
gloine	glass
babhla	bowl
pláta	plate
cupán	cup
sásar	saucer
éadach boird	tablecloth
crúiscín	jug
spúnóg	spoon
scian	knife
forc	fork

ag leagan an bhoird

Tá sé réidh.

caiféphota

taephota

naipcín

spúnóg

scian

forc

gloine

cupán

sásar

crúiscín

babhla

pláta

éadach boird

Tarraing ort!

Bain taitneamh as do bhéile!

tartmhar

ag ól

ocrach

ag ithe

Tá sé blasta.

tar éis béile maith a ithe

Tarraing ort!	Help yourself.
Bain taitneamh as dobhéile!	Enjoy your meal.
tartmhar	thirsty
ag ól	drinking
ocrach	hungry
ag ithe	eating
Tá sé blasta.	It tastes good.
tar éis béile maith a ithe	to have eaten well

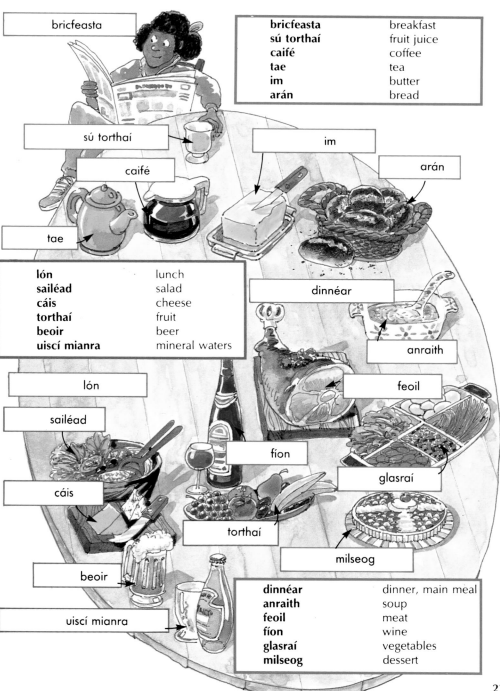

bricfeasta

bricfeasta	breakfast
sú torthaí	fruit juice
caifé	coffee
tae	tea
im	butter
arán	bread

sú torthaí

caifé

im

arán

tae

lón	lunch
sailéad	salad
cáis	cheese
torthaí	fruit
beoir	beer
uiscí mianra	mineral waters

dinnéar

anraith

lón

feoil

sailéad

fíon

cáis

glasraí

torthaí

milseog

beoir

uiscí mianra

dinnéar	dinner, main meal
anraith	soup
feoil	meat
fíon	wine
glasraí	vegetables
milseog	dessert

27

Buying food

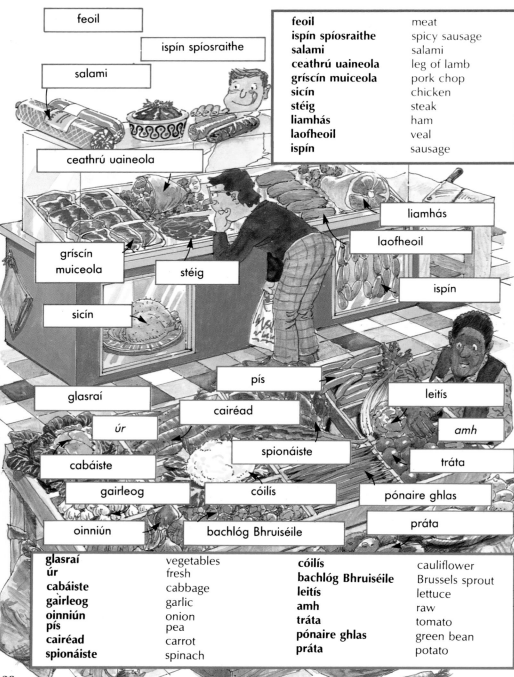

feoil

ispín spíosraithe

salami

feoil	meat
ispín spíosraithe	spicy sausage
salami	salami
ceathrú uaineola	leg of lamb
gríscín muiceola	pork chop
sicín	chicken
stéig	steak
liamhás	ham
laofheoil	veal
ispín	sausage

ceathrú uaineola

liamhás

laofheoil

gríscín muiceola

stéig

ispín

sicín

pís

glasraí

leitís

cairéad

úr

amh

spionáiste

cabáiste

tráta

gairleog

cóilís

pónaire ghlas

oinniún

bachlóg Bhruiséile

práta

glasraí	vegetables	**cóilís**	cauliflower
úr	fresh	**bachlóg Bhruiséile**	Brussels sprout
cabáiste	cabbage	**leitís**	lettuce
gairleog	garlic	**amh**	raw
oinniún	onion	**tráta**	tomato
pís	pea	**pónaire ghlas**	green bean
cairéad	carrot	**práta**	potato
spionáiste	spinach		

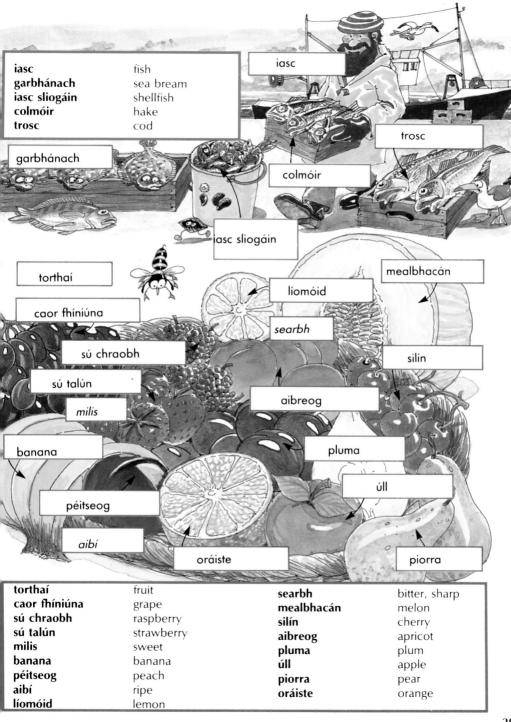

iasc	fish
garbhánach	sea bream
iasc sliogáin	shellfish
colmóir	hake
trosc	cod

iasc

garbhánach

trosc

colmóir

iasc sliogáin

torthaí

caor fhíniúna

sú chraobh

sú talún

milis

banana

péitseog

aibí

oráiste

líomóid

searbh

aibreog

pluma

úll

piorra

mealbhacán

silín

torthaí	fruit	searbh	bitter, sharp
caor fhíniúna	grape	mealbhacán	melon
sú chraobh	raspberry	silín	cherry
sú talún	strawberry	aibreog	apricot
milis	sweet	pluma	plum
banana	banana	úll	apple
péitseog	peach	piorra	pear
aibí	ripe	oráiste	orange
líomóid	lemon		

Buying food

spaigití	spaghetti
piseánaigh	chick peas
pónairí duánacha	kidney beans
uachtar	cream
bainne	milk
margairín	margarine
eogart	yoghurt
mil	honey
uibheacha	eggs
subh	jam
siúcra	sugar
plúr	flour

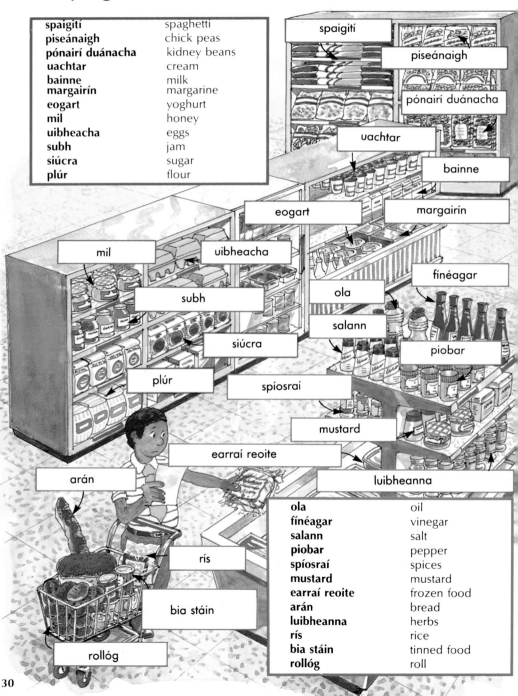

spaigití

piseánaigh

pónairí duánacha

uachtar

bainne

eogart

margairín

mil

uibheacha

fínéagar

subh

ola

salann

siúcra

piobar

plúr

spíosraí

mustard

earraí reoite

arán

luibheanna

rís

bia stáin

rollóg

ola	oil
fínéagar	vinegar
salann	salt
piobar	pepper
spíosraí	spices
mustard	mustard
earraí reoite	frozen food
arán	bread
luibheanna	herbs
rís	rice
bia stáin	tinned food
rollóg	roll

seacláid	chocolate
briosca	biscuit
toirtín	tart
taoschnó	doughnut
císte	cake
uachtar reoite	ice-cream
cáca	pastry, small tart

seacláid

briosca

toirtín

taoschnó

cáca

císte

uachtar reoite

ag cócaireacht

oideas

ag blaiseadh

blas

comhábhar

ag meascadh

Blasta!

ag cócaireacht	cooking
oideas	recipe
comhábhar	ingredient
ag meascadh	mixing
ag blaiseadh	tasting
blas	flavour, taste
Blasta!	Delicious!

31

Pastimes

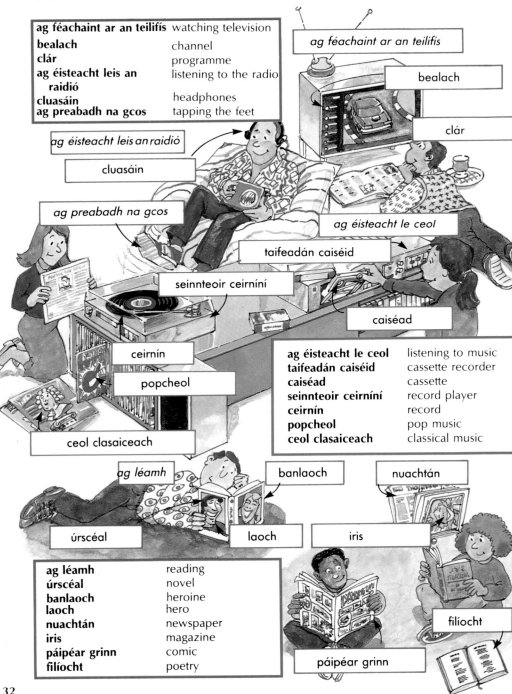

ag féachaint ar an teilifís	watching television
bealach	channel
clár	programme
ag éisteacht leis an raidió	listening to the radio
cluasáin	headphones
ag preabadh na gcos	tapping the feet

ag féachaint ar an teilifís

bealach

clár

ag éisteacht leis an raidió

cluasáin

ag preabadh na gcos

ag éisteacht le ceol

taifeadán caiséid

seinnteoir ceirníní

caiséad

ceirnín

popcheol

ceol clasaiceach

ag éisteacht le ceol	listening to music
taifeadán caiséid	cassette recorder
caiséad	cassette
seinnteoir ceirníní	record player
ceirnín	record
popcheol	pop music
ceol clasaiceach	classical music

ag léamh

banlaoch

nuachtán

úrscéal

laoch

iris

filíocht

páipéar grinn

ag léamh	reading
úrscéal	novel
banlaoch	heroine
laoch	hero
nuachtán	newspaper
iris	magazine
páipéar grinn	comic
filíocht	poetry

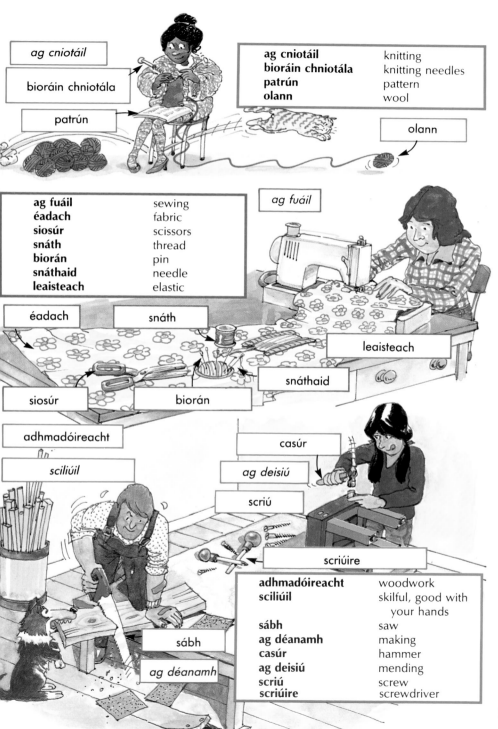

ag cniotáil

bioráin chniotála

patrún

ag cniotáil	knitting
bioráin chniotála	knitting needles
patrún	pattern
olann	wool

olann

ag fuáil	sewing
éadach	fabric
siosúr	scissors
snáth	thread
biorán	pin
snáthaid	needle
leaisteach	elastic

ag fuáil

éadach

snáth

leaisteach

snáthaid

siosúr

biorán

adhmadóireacht

sciliúil

casúr

ag deisiú

scriú

scriúire

adhmadóireacht	woodwork
sciliúil	skilful, good with your hands
sábh	saw
ag déanamh	making
casúr	hammer
ag deisiú	mending
scriú	screw
scriúire	screwdriver

sábh

ag déanamh

33

Pastimes

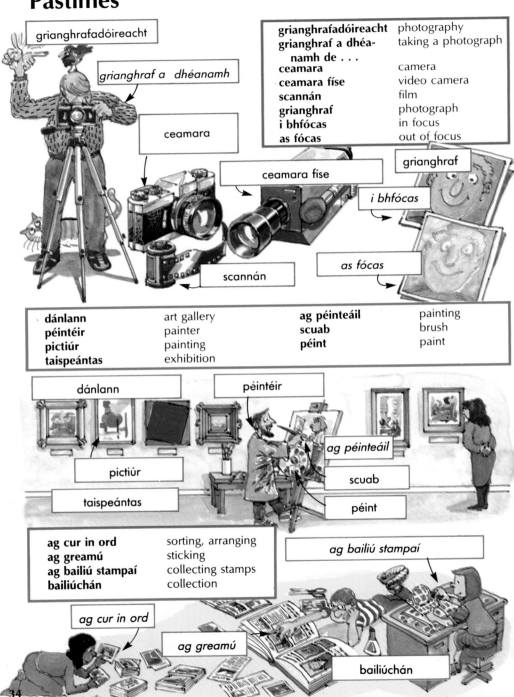

grianghrafadóireacht

grianghraf a dhéanamh

ceamara

grianghrafadóireacht	photography
grianghraf a dhéa-	taking a photograph
namh de . . .	
ceamara	camera
ceamara físe	video camera
scannán	film
grianghraf	photograph
i bhfócas	in focus
as fócas	out of focus

ceamara físe

grianghraf

i bhfócas

as fócas

scannán

dánlann	art gallery	**ag péinteáil**	painting
péintéir	painter	**scuab**	brush
pictiúr	painting	**péint**	paint
taispeántas	exhibition		

dánlann

péintéir

ag péinteáil

pictiúr

scuab

taispeántas

péint

ag cur in ord	sorting, arranging
ag greamú	sticking
ag bailiú stampaí	collecting stamps
bailiúchán	collection

ag bailiú stampaí

ag cur in ord

ag greamú

bailiúchán

34

ceoltóir	musician	ag bualadh na ndrumaí	playing the drums
gléas ceoil	instrument	ag seinm an trumpa	playing the trumpet
ag seinm ar an veidhlín	playing the violin	ag seinm ar an dordveidhil	playing the cello
ag seinm ar an bpianó	playing the piano	ceolfhoireann	orchestra
ag seinm ar an ngiotár	playing the guitar	stiúrthóir	conductor

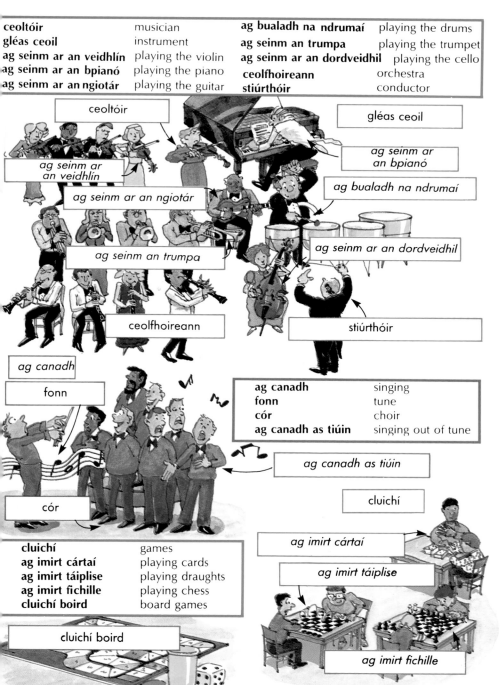

ag canadh	singing
fonn	tune
cór	choir
ag canadh as tiúin	singing out of tune

cluichí	games
ag imirt cártaí	playing cards
ag imirt táiplise	playing draughts
ag imirt fichille	playing chess
cluichí boird	board games

35

Going out

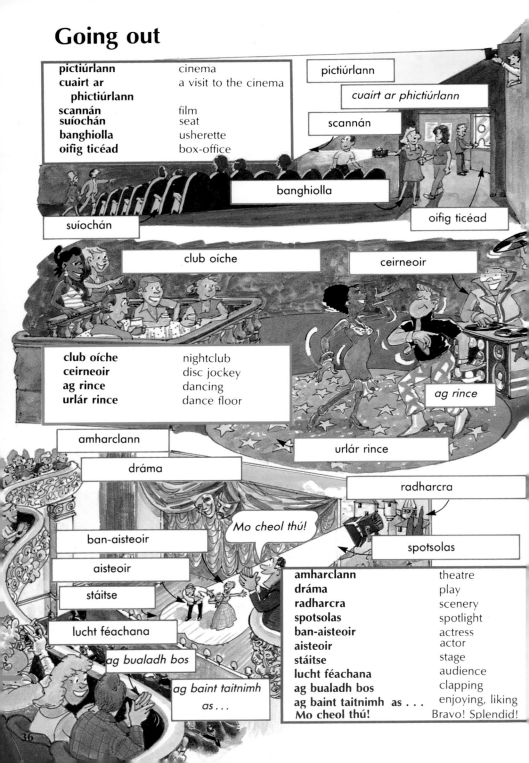

pictiúrlann	cinema
cuairt ar phictiúrlann	a visit to the cinema
scannán	film
suíochán	seat
banghiolla	usherette
oifig ticéad	box-office

pictiúrlann

cuairt ar phictiúrlann

scannán

banghiolla

oifig ticéad

suíochán

club oíche

ceirneoir

club oíche	nightclub
ceirneoir	disc jockey
ag rince	dancing
urlár rince	dance floor

ag rince

amharclann

dráma

urlár rince

radharcra

Mo cheol thú!

ban-aisteoir

spotsolas

aisteoir

stáitse

lucht féachana

amharclann	theatre
dráma	play
radharcra	scenery
spotsolas	spotlight
ban-aisteoir	actress
aisteoir	actor
stáitse	stage
lucht féachana	audience
ag bualadh bos	clapping
ag baint taitnimh as . . .	enjoying, liking
Mo cheol thú!	Bravo! Splendid!

ag bualadh bos

ag baint taitnimh as . . .

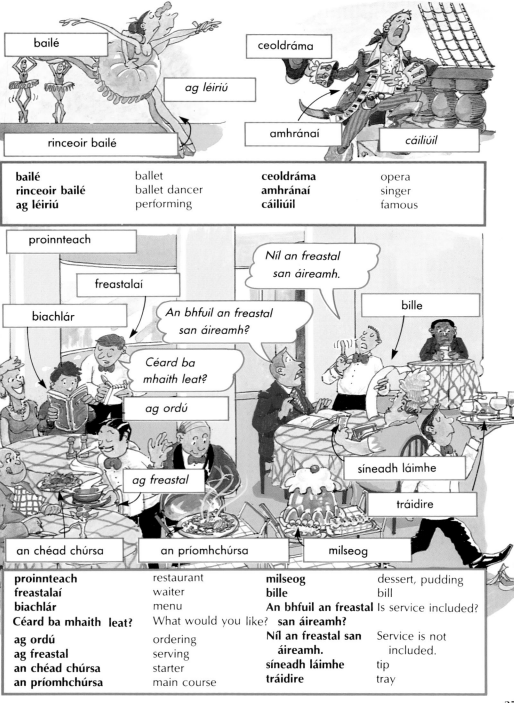

bailé	ballet	**ceoldráma**	opera
rinceoir bailé	ballet dancer	**amhránaí**	singer
ag léiriú	performing	**cáiliúil**	famous

proinnteach	restaurant	**milseog**	dessert, pudding
freastalaí	waiter	**bille**	bill
biachlár	menu	**An bhfuil an freastal**	Is service included?
Céard ba mhaith leat?	What would you like?	**san áireamh?**	
ag ordú	ordering	**Níl an freastal san**	Service is not
ag freastal	serving	**áireamh.**	included.
an chéad chúrsa	starter	**síneadh láimhe**	tip
an príomhchúrsa	main course	**tráidire**	tray

37

At the zoo and in the Park

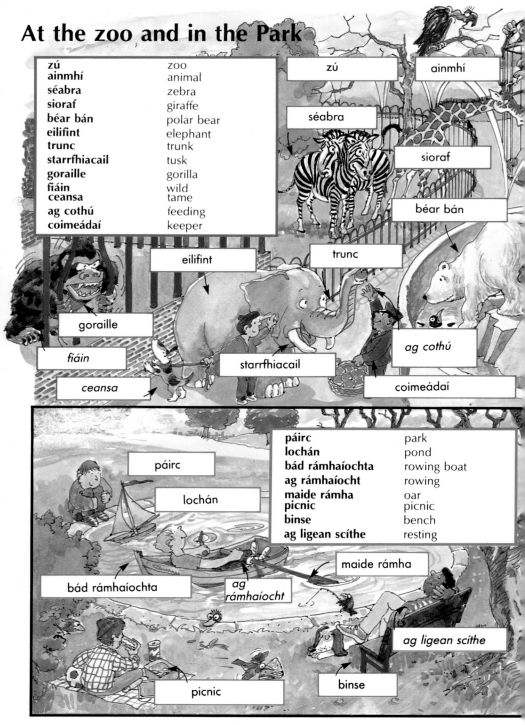

zú	zoo
ainmhí	animal
séabra	zebra
sioraf	giraffe
béar bán	polar bear
eilifint	elephant
trunc	trunk
starrfhiacail	tusk
goraille	gorilla
fiáin	wild
ceansa	tame
ag cothú	feeding
coimeádaí	keeper

zú

ainmhí

séabra

sioraf

béar bán

trunc

eilifint

goraille

fiáin

ceansa

starrfhiacail

ag cothú

coimeádaí

páirc	park
lochán	pond
bád rámhaíochta	rowing boat
ag rámhaíocht	rowing
maide rámha	oar
picnic	picnic
binse	bench
ag ligean scíthe	resting

páirc

lochán

bád rámhaíochta

ag rámhaíocht

maide rámha

ag ligean scíthe

picnic

binse

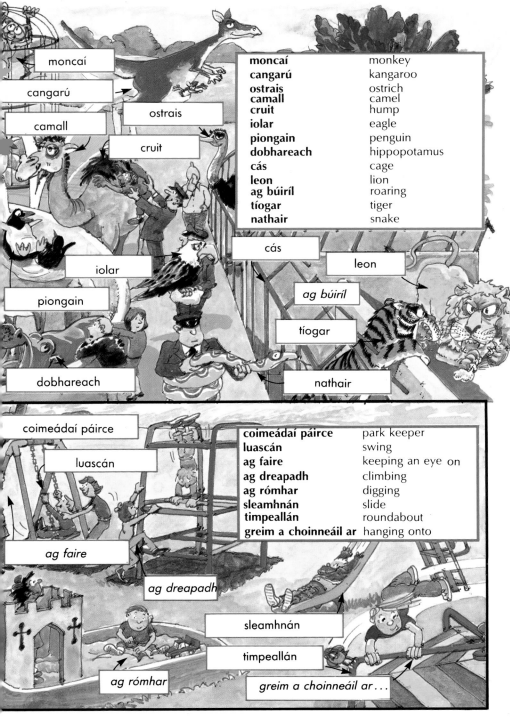

moncaí

cangarú

ostrais

camall

cruit

moncaí	monkey
cangarú	kangaroo
ostrais	ostrich
camall	camel
cruit	hump
iolar	eagle
piongain	penguin
dobhareach	hippopotamus
cás	cage
leon	lion
ag búiríl	roaring
tíogar	tiger
nathair	snake

iolar

piongain

dobhareach

cás

leon

ag búiríl

tíogar

nathair

coimeádaí páirce

luascán

coimeádaí páirce	park keeper
luascán	swing
ag faire	keeping an eye on
ag dreapadh	climbing
ag rómhar	digging
sleamhnán	slide
timpeallán	roundabout
greim a choinneáil ar	hanging onto

ag faire

ag dreapadh

sleamhnán

timpeallán

ag rómhar

greim a choinneáil ar . . .

In the city

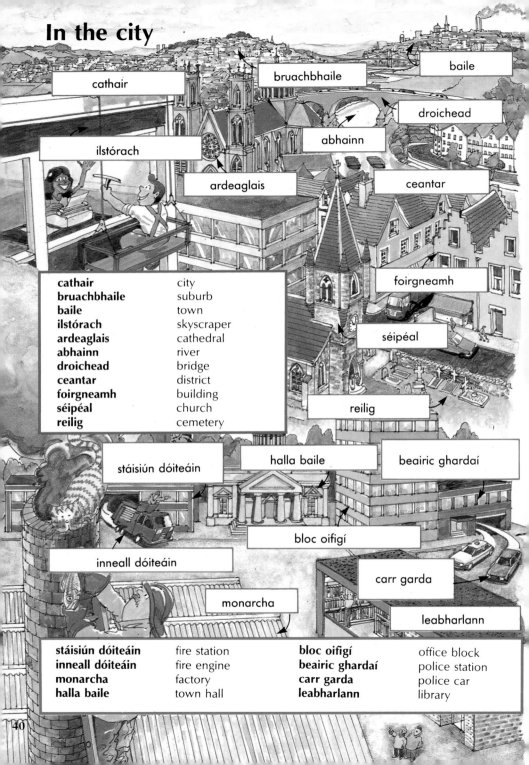

baile

cathair

bruachbhaile

droichead

ilstórach

abhainn

ardeaglais

ceantar

foirgneamh

séipéal

cathair	city
bruachbhaile	suburb
baile	town
ilstórach	skyscraper
ardeaglais	cathedral
abhainn	river
droichead	bridge
ceantar	district
foirgneamh	building
séipéal	church
reilig	cemetery

reilig

halla baile

beairic ghardaí

stáisiún dóiteáin

bloc oifigí

inneall dóiteáin

carr garda

monarcha

leabharlann

stáisiún dóiteáin	fire station	**bloc oifigí**	office block
inneall dóiteáin	fire engine	**beairic ghardaí**	police station
monarcha	factory	**carr garda**	police car
halla baile	town hall	**leabharlann**	library

40

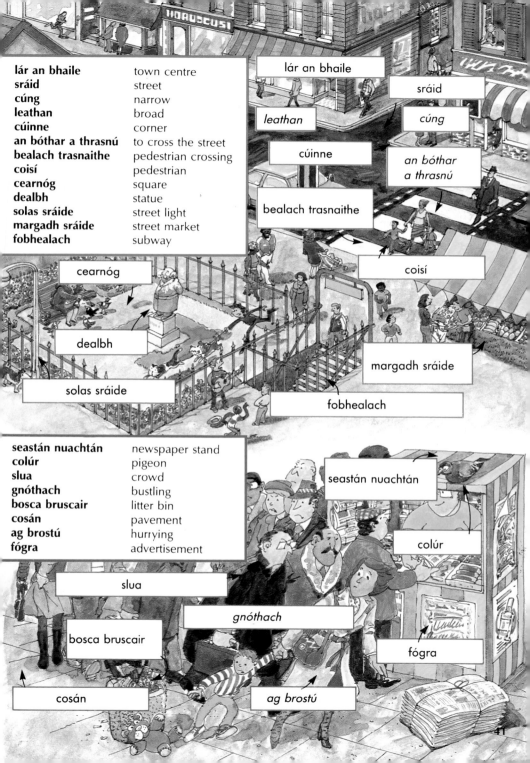

lár an bhaile	town centre
sráid	street
cúng	narrow
leathan	broad
cúinne	corner
an bóthar a thrasnú	to cross the street
bealach trasnaithe	pedestrian crossing
coisí	pedestrian
cearnóg	square
dealbh	statue
solas sráide	street light
margadh sráide	street market
fobhealach	subway

lár an bhaile

sráid

leathan

cúng

cúinne

an bóthar a thrasnú

bealach trasnaithe

coisí

cearnóg

dealbh

solas sráide

margadh sráide

fobhealach

seastán nuachtán	newspaper stand
colúr	pigeon
slua	crowd
gnóthach	bustling
bosca bruscair	litter bin
cosán	pavement
ag brostú	hurrying
fógra	advertisement

seastán nuachtán

colúr

slua

gnóthach

bosca bruscair

fógra

cosán

ag brostú

41

Shopping

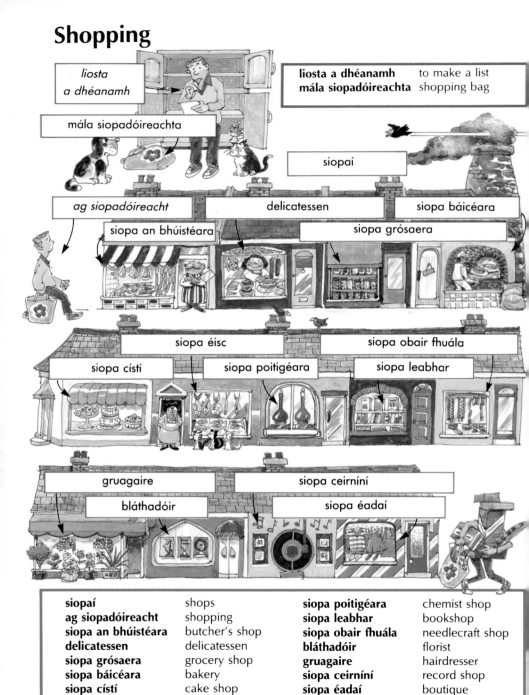

liosta a dhéanamh

mála siopadóireachta

| liosta a dhéanamh | to make a list |
| mála siopadóireachta | shopping bag |

siopaí

ag siopadóireacht

delicatessen

siopa báicéara

siopa an bhúistéara

siopa grósaera

siopa éisc

siopa obair fhuála

siopa cístí

siopa poitigéara

siopa leabhar

gruagaire

siopa ceirníní

bláthadóir

siopa éadaí

siopaí	shops	**siopa poitigéara**	chemist shop
ag siopadóireacht	shopping	**siopa leabhar**	bookshop
siopa an bhúistéara	butcher's shop	**siopa obair fhuála**	needlecraft shop
delicatessen	delicatessen	**bláthadóir**	florist
siopa grósaera	grocery shop	**gruagaire**	hairdresser
siopa báicéara	bakery	**siopa ceirníní**	record shop
siopa cístí	cake shop	**siopa éadaí**	boutique
siopa éisc	fishmonger		

42

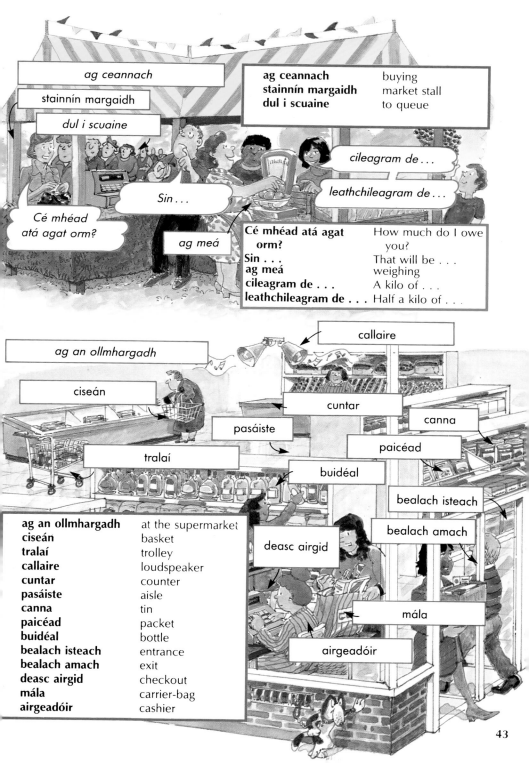

ag ceannach

stainnín margaidh

dul i scuaine

ag ceannach	buying
stainnín margaidh	market stall
dul i scuaine	to queue

cileagram de . . .

leathchileagram de . . .

Sin . . .

Cé mhéad atá agat orm?

ag meá

Cé mhéad atá agat orm?	How much do I owe you?
Sin . . .	That will be . . .
ag meá	weighing
cileagram de . . .	A kilo of . . .
leathchileagram de . . .	Half a kilo of . . .

callaire

ag an ollmhargadh

ciseán

cuntar

canna

pasáiste

paicéad

tralaí

buidéal

bealach isteach

bealach amach

deasc airgid

mála

airgeadóir

ag an ollmhargadh	at the supermarket
ciseán	basket
tralaí	trolley
callaire	loudspeaker
cuntar	counter
pasáiste	aisle
canna	tin
paicéad	packet
buidéal	bottle
bealach isteach	entrance
bealach amach	exit
deasc airgid	checkout
mála	carrier-bag
airgeadóir	cashier

Shopping

ag féachaint isteach sna fuinneoga	window-shopping	**margadh**	a bargain
fuinneog siopa	shop window	**custaiméir**	customer
Is fiú go maith é.	It's good value.	**ag ceannach**	buying
Tá sé daor.	It's expensive.	**freastalaí siopa**	shop assistant
DÍOLACHÁN	SALE	**ag díol**	selling

ag féachaint isteach sna fuinneoga

custaiméir

fuinneog siopa

Is fiú go maith é.

Tá sé daor.

ag ceannach

freastalaí siopa

ag díol

DÍOLACHÁN

margadh

ag caitheamh airgid

An féidir liom cabhrú leat?

Cén tomhas é seo?

beag

praghas

Ba mhaith liom...

meánach

mór

Cé mhéad atá air?

admháil

Cosnaíonn sé...

ag caitheamh airgid	spending money	**beag**	small
praghas	price	**meánach**	medium
admháil	receipt	**mór**	large
An féidir liom cabhrú leat?	Can I help you?	**Cé mhéad atá air?**	How much is it?
Ba mhaith liom . . .	I'd like . . .	**Cosnaíonn sé . . .**	It costs . . .
		Cén tomhas é seo?	What size is this?

44

siopa leabhar agus páipéar	bookshop and stationer's	**cárta poist**	postcard
leabhar	book	**peann gránbhiorach**	ball-point pen
leabhar cúl páipéir	paperback	**peann luaidhe**	pencil
clúdach litreach	envelope	**páipéar litreach**	writing paper

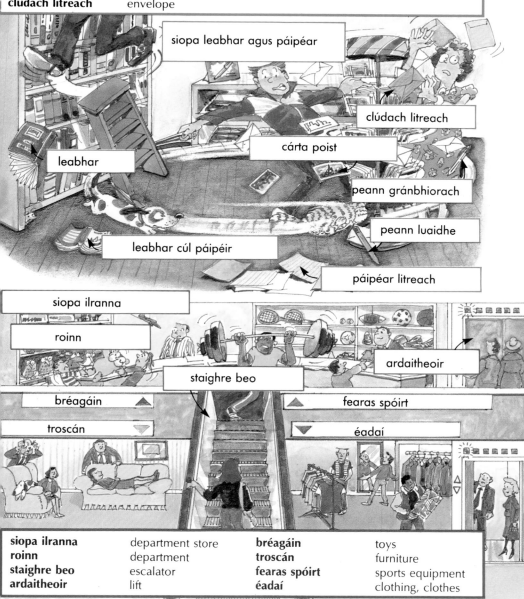

siopa leabhar agus páipéar

clúdach litreach

cárta poist

leabhar

peann gránbhiorach

peann luaidhe

leabhar cúl páipéir

páipéar litreach

siopa ilranna

roinn

ardaitheoir

staighre beo

bréagáin

fearas spóirt

troscán

éadaí

siopa ilranna	department store	**bréagáin**	toys
roinn	department	**troscán**	furniture
staighre beo	escalator	**fearas spóirt**	sports equipment
ardaitheoir	lift	**éadaí**	clothing, clothes

At the post office and bank

oifig an phoist	post office	**teiletheachtaireacht**	telemessage
bosca poist	post-box	**foirm**	form
ag postáil	posting	**stampa**	stamp
litir	letter	**aerphost**	airmail
beart	parcel	**seoladh**	address
am bailithe	collection time	**seoladh poist**	postal code
ag seoladh	sending		

oifig an phoist

ag seoladh

teiletheachtaireacht

bosca poist

ag postáil

foirm

litir

beart

stampa

am bailithe

aerphost

seoladh

fear an phoist

seoladh poist

post

ag seachadadh

fear an phoist	postman
post	mail
ag seachadadh	delivering

banc	bank	**cárta creidmheasa**	credit card
airgead	money	**airgead a chur sa**	to put money
airgead a mhalartú	to change money	**bhanc**	in the bank
ráta malairte	exchange rate	**airgead a tharraingt**	to take money out of
bainisteoir bainc	bank manager	**as an mbanc**	the bank
airgeadóir	cashier	**seicleabhar**	cheque-book
An bhfuil briseadh	Have you any	**seic a scríobh**	to write a cheque .
agat?	change?	**vallait**	wallet
píosa airgid	coin	**sparán**	purse
nóta	note	**mála láimhe**	handbag

47

Phonecalls and letters

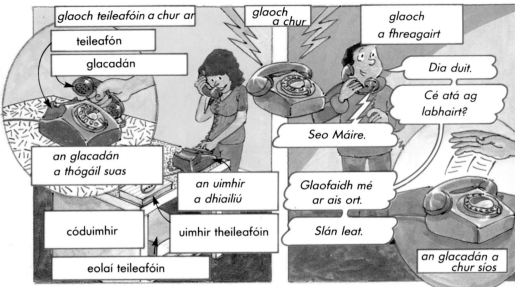

glaoch teileafóin a chur ar . . .	to make a telephone call	eolaí teileafóin	telephone directory
teileafón	telephone	glaoch a chur	to ring
glacadán	receiver	glaoch a fhreagairt	to answer the telephone
an glacadán a thógáil suas	to pick up the receiver		
an uimhir a dhiailiú	to dial the number	Dia duit.	Hello!
uimhir theileafóin	telephone number	Cé atá ag labhairt?	Who's speaking?
códuimhir	area code	Seo Máire.	It's Mary
		Glaofaidh mé ar ais ort.	I'll call you back.
		Slán leat.	Goodbye.
		an glacadán a chur síos	to hang up

bosca teileafóin	telephone box
éigeandáil	emergency
glaoch éigeandála	999 call

A chara,

Gabhaim buíochas leat as do litir dár dáta . . .

Istigh le seo gheobhaidh tú . . .

le casadh an phoist

Do chara dílis,

litir a scríobh	to write a letter	**Istigh le seo gheob-**	I enclose . . .
A chara,	Dear Sir/Madam,	**haidh tú . . .**	
Gabhaim buíochas	Thank you for your	**le casadh an phoist**	by return of post
leat as do litir dár	letter of . . .	**Do chara dílis,**	Yours faithfully,
dáta . . .			

A Mháire, a chara,

B'aoibhinn liom cloisteáil uait.

Tá mé ag seoladh . . .

Do chara buan . . .   ar leith

litir a oscailt	to open a letter	**Tá mé ag**	I am sending . . .
A Mháire, a chara,	Dear Mary,	**seoladh . . .**	
B'aoibhinn liom	It was lovely to hear	**ar leith**	separately
cloisteáil uait.	from you.	**Do chara buan . . .**	Love from . . .

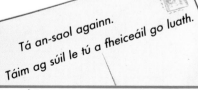

Tá an-saol againn.

Táim ag súil le tú a fheiceáil go luath.

Teachtaireacht phráinneach

stad cuir glaoch abhaile

cárta poist a	to send a postcard	**teileagram a sheoladh**	to send a telegram
sheoladh		**Teachtaireacht**	Urgent message stop
Tá an-saol againn.	Having a lovely time.	**phráinneach stad**	telephone home
Táim ag súil le tú a	I'm looking forward	**cuir glaoch ab-**	
fheiceáil go luath.	to seeing you soon.	**haile**	

49

Out and about

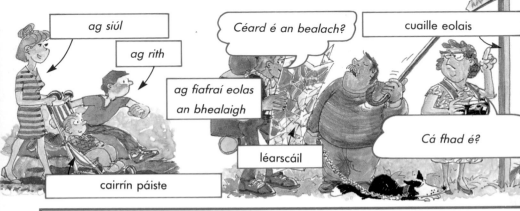

ag siúl

ag rith

Céard é an bealach?

cuaille eolais

ag fiafraí eolas
an bhealaigh

Cá fhad é?

léarscáil

cairrín páiste

ag siúl	walking	**ag fiafraí eolas an**	asking the way
ag rith	running	**bhealaigh**	
cairrín páiste	push-chair	**léarscáil**	map
Céard é an bealach?	Which way is . . . ?	**cuaille eolais**	signpost
		Cá fhad é?	How far is it?

ag dul ar an mbus

paisinéir

ag tuirlingt de . . .

ticéad

stáisiún an fhobhealaigh

ag dul ar . . .

bus

an fobhealach

stad bus

ag dul ar an mbus	going on the bus	**bus**	bus
paisinéir	passenger	**stad bus**	bus stop
ag tuirlingt de . . .	getting off	**stáisiún an**	underground station
ag dul ar . . .	boarding	**fhobhealaigh**	
ticéad	ticket	**an fobhealach**	underground

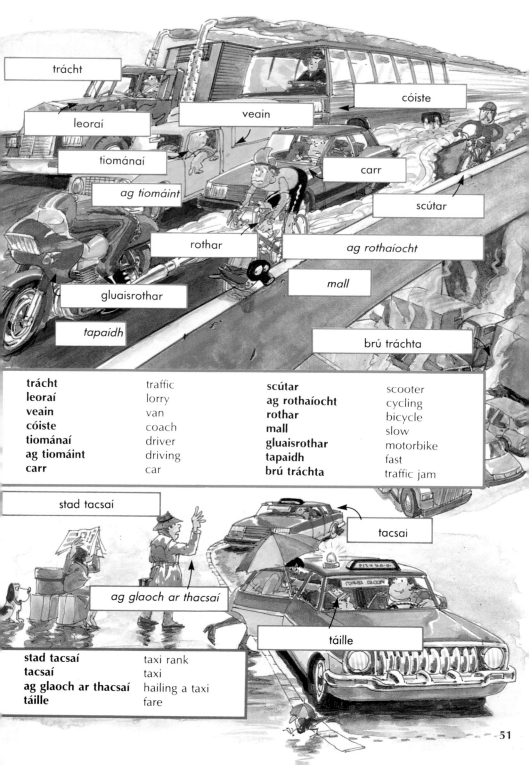

trácht

cóiste

veain

leoraí

tiománaí

carr

ag tiomáint

scútar

rothar

ag rothaíocht

mall

gluaisrothar

tapaidh

brú tráchta

trácht	traffic	**scútar**	scooter
leoraí	lorry	**ag rothaíocht**	cycling
veain	van	**rothar**	bicycle
cóiste	coach	**mall**	slow
tiománaí	driver	**gluaisrothar**	motorbike
ag tiomáint	driving	**tapaidh**	fast
carr	car	**brú tráchta**	traffic jam

stad tacsaí

tacsaí

ag glaoch ar thacsaí

táille

stad tacsaí	taxi rank
tacsaí	taxi
ag glaoch ar thacsaí	hailing a taxi
táille	fare

Driving

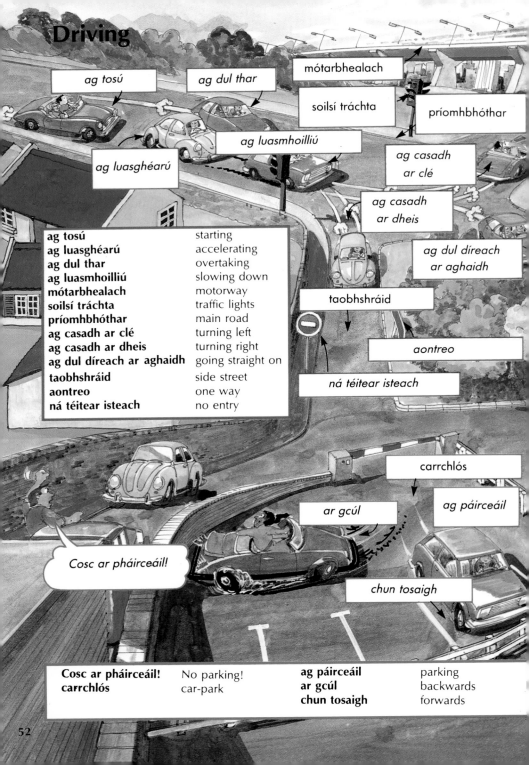

ag tosú

ag dul thar

mótarbhealach

soilsí tráchta

príomhbhóthar

ag luasmhoilliú

ag luasghéarú

ag casadh ar clé

ag casadh ar dheis

ag dul díreach ar aghaidh

taobhshráid

aontreo

ná téitear isteach

ag tosú	starting
ag luasghéarú	accelerating
ag dul thar	overtaking
ag luasmhoilliú	slowing down
mótarbhealach	motorway
soilsí tráchta	traffic lights
príomhbhóthar	main road
ag casadh ar clé	turning left
ag casadh ar dheis	turning right
ag dul díreach ar aghaidh	going straight on
taobhshráid	side street
aontreo	one way
ná téitear isteach	no entry

carrchlós

ar gcúl

ag páirceáil

Cosc ar pháirceáil!

chun tosaigh

Cosc ar pháirceáil!	No parking!	ag páirceáil	parking
carrchlós	car-park	ar gcúl	backwards
		chun tosaigh	forwards

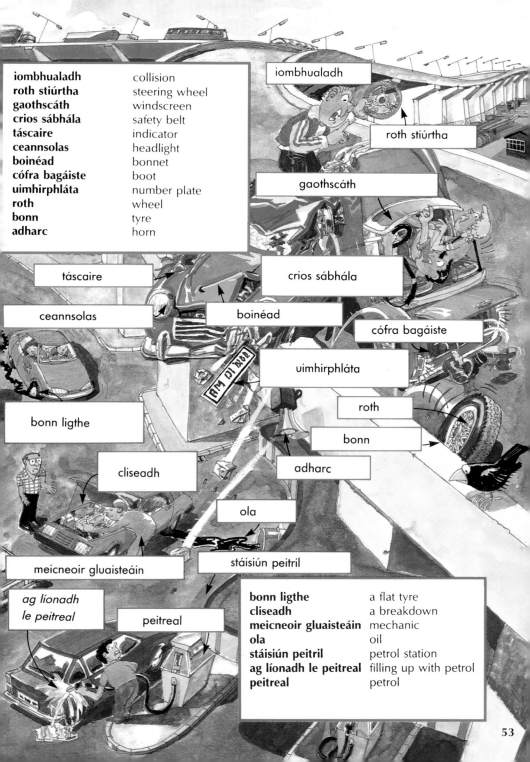

iombhualadh	collision
roth stiúrtha	steering wheel
gaothscáth	windscreen
crios sábhála	safety belt
táscaire	indicator
ceannsolas	headlight
boinéad	bonnet
cófra bagáiste	boot
uimhirphláta	number plate
roth	wheel
bonn	tyre
adharc	horn

iombhualadh

roth stiúrtha

gaothscáth

táscaire

crios sábhála

ceannsolas

boinéad

cófra bagáiste

uimhirphláta

roth

bonn ligthe

bonn

cliseadh

adharc

ola

meicneoir gluaisteáin

stáisiún peitril

ag líonadh le peitreal

peitreal

bonn ligthe	a flat tyre
cliseadh	a breakdown
meicneoir gluaisteáin	mechanic
ola	oil
stáisiún peitril	petrol station
ag líonadh le peitreal	filling up with petrol
peitreal	petrol

Travelling by train

stáisiún

oifig bagáiste

póirtéir

bailitheoir ticéad

seomra feithimh

geata na dticéad

taistealaí

amchlár

An traein go . . .

oifig ticéad

ticéad

An traein ó . . .

ticéad fillte

ticéad séasúir

inneall ticéad

ticéad ardáin

ag cur in áirithe

stáisiún	station	**oifig ticéad**	ticket office
póirtéir	porter	**ticéad**	ticket
oifig bagáiste	left luggage office	**ticéad fillte**	return ticket
bailitheoir ticéad	ticket collector	**ticéad séasúir**	season ticket
seomra feithimh	waiting-room	**inneall ticéad**	ticket machine
geata na dticéad	barrier	**ticéad ardáin**	platform ticket
taistealaí	traveller	**ag cur in áirithe**	reserving
amchlár	timetable		
An traein go . . .	The train to . . .		
An traein ó . . .	The train from . . .		

54

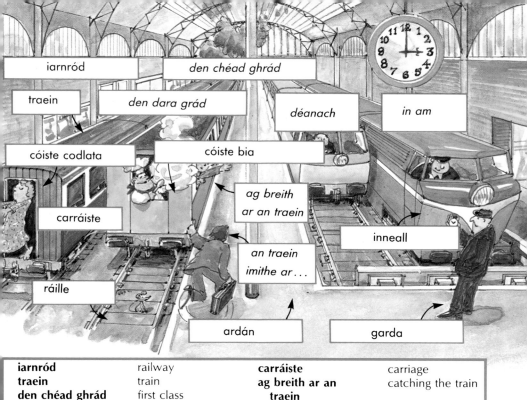

iarnród	railway	carráiste	carriage
traein	train	ag breith ar an traein	catching the train
den chéad ghrád	first class	an traein imithe ar . . .	missing the train
den dara grád	second class	inneall	engine
déanach	late	ráille	track
in am	in time	ardán	platform
cóiste codlata	sleeping-car	garda	guard
cóiste bia	buffet car		

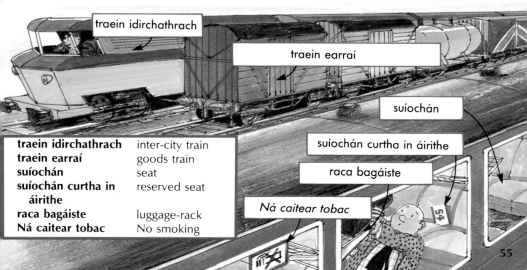

traein idirchathrach	inter-city train	suíochán curtha in áirithe	reserved seat
traein earraí	goods train	raca bagáiste	luggage-rack
suíochán	seat	Ná caitear tobac	No smoking
suíochán curtha in áirithe	reserved seat		
raca bagáiste	luggage-rack		
Ná caitear tobac	No smoking		

Travelling by plane and boat

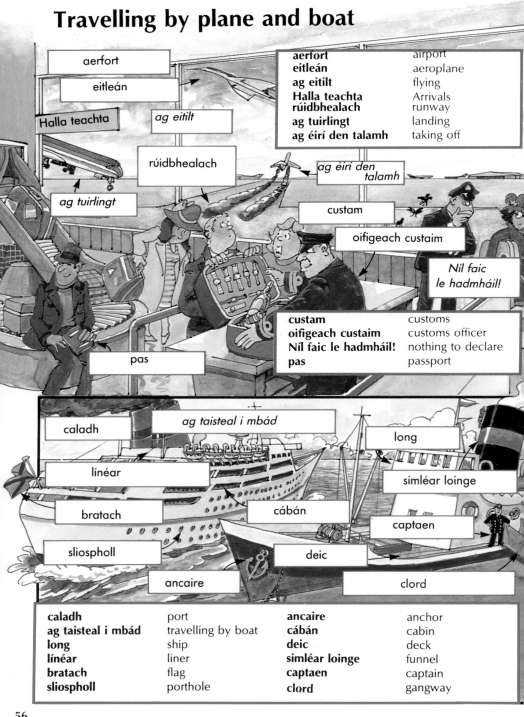

aerfort	airport
eitleán	aeroplane
ag eitilt	flying
Halla teachta	Arrivals
rúidbhealach	runway
ag tuirlingt	landing
ag éirí den talamh	taking off

aerfort

eitleán

Halla teachta

ag eitilt

rúidbhealach

ag tuirlingt

ag éirí den talamh

custam

oifigeach custaim

Níl faic le hadmháil!

custam	customs
oifigeach custaim	customs officer
Níl faic le hadmháil!	nothing to declare
pas	passport

pas

caladh

ag taisteal i mbád

long

línéar

simléar loinge

bratach

cábán

captaen

sliospholl

deic

ancaire

clord

caladh	port	ancaire	anchor
ag taisteal i mbád	travelling by boat	cábán	cabin
long	ship	deic	deck
línéar	liner	simléar loinge	funnel
bratach	flag	captaen	captain
sliospholl	porthole	clord	gangway

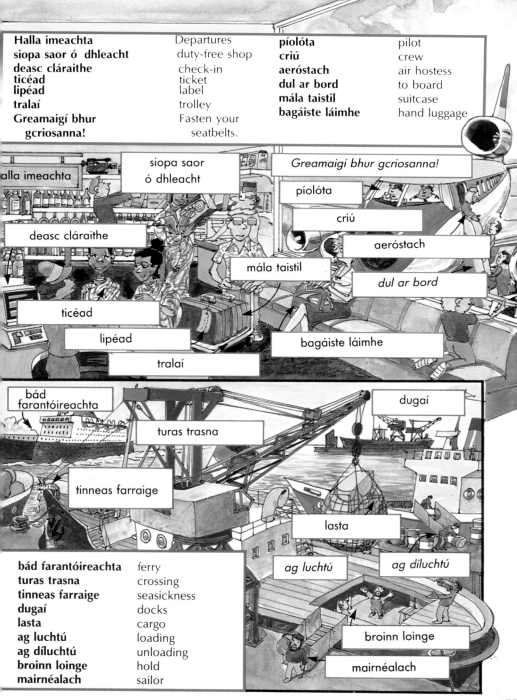

Halla imeachta	Departures
siopa saor ó dhleacht	duty-free shop
deasc cláraithe	check-in
ticéad	ticket
lipéad	label
tralaí	trolley
Greamaigí bhur gcriosanna!	Fasten your seatbelts.

píolóta	pilot
criú	crew
aeróstach	air hostess
dul ar bord	to board
mála taistil	suitcase
bagáiste láimhe	hand luggage

Halla imeachta

siopa saor ó dhleacht

Greamaigí bhur gcriosanna!

píolóta

criú

aeróstach

deasc cláraithe

mála taistil

dul ar bord

ticéad

lipéad

bagáiste láimhe

tralaí

bád farantóireachta

dugaí

turas trasna

tinneas farraige

lasta

ag luchtú

ag díluchtú

broinn loinge

mairnéalach

bád farantóireachta	ferry
turas trasna	crossing
tinneas farraige	seasickness
dugaí	docks
lasta	cargo
ag luchtú	loading
ag díluchtú	unloading
broinn loinge	hold
mairnéalach	sailor

57

Holidays

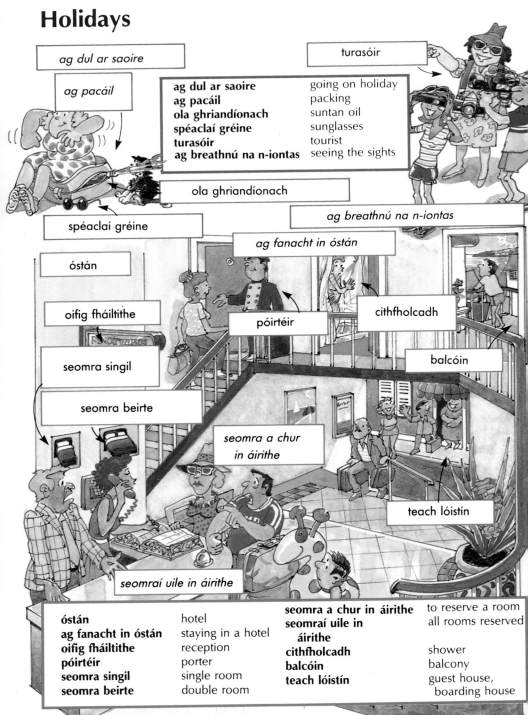

ag dul ar saoire

turasóir

ag pacáil

ag dul ar saoire	going on holiday
ag pacáil	packing
ola ghriandíonach	suntan oil
spéaclaí gréine	sunglasses
turasóir	tourist
ag breathnú na n-iontas	seeing the sights

ola ghriandíonach

spéaclaí gréine

ag breathnú na n-iontas

ag fanacht in óstán

óstán

oifig fháiltithe

póirtéir

cithfholcadh

seomra singil

balcóin

seomra beirte

seomra a chur in áirithe

teach lóistín

seomraí uile in áirithe

óstán	hotel	**seomra a chur in áirithe**	to reserve a room
ag fanacht in óstán	staying in a hotel	**seomraí uile in áirithe**	all rooms reserved
oifig fháiltithe	reception		
póirtéir	porter	**cithfholcadh**	shower
seomra singil	single room	**balcóin**	balcony
seomra beirte	double room	**teach lóistín**	guest house, boarding house

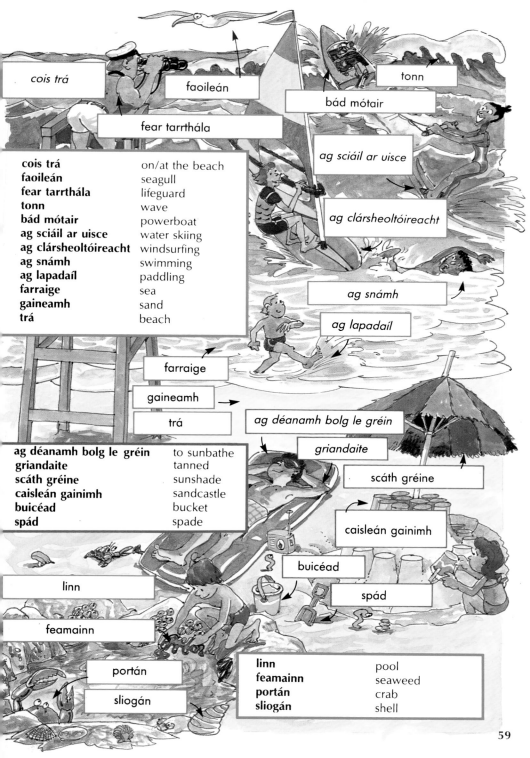

cois trá

faoileán

fear tarrthála

tonn

bád mótair

ag sciáil ar uisce

ag clársheoltóireacht

cois trá	on/at the beach
faoileán	seagull
fear tarrthála	lifeguard
tonn	wave
bád mótair	powerboat
ag sciáil ar uisce	water skiing
ag clársheoltóireacht	windsurfing
ag snámh	swimming
ag lapadaíl	paddling
farraige	sea
gaineamh	sand
trá	beach

ag snámh

ag lapadaíl

farraige

gaineamh

trá

ag déanamh bolg le gréin

griandaite

scáth gréine

ag déanamh bolg le gréin	to sunbathe
griandaite	tanned
scáth gréine	sunshade
caisleán gainimh	sandcastle
buicéad	bucket
spád	spade

caisleán gainimh

buicéad

spád

linn

feamainn

portán

sliogán

linn	pool
feamainn	seaweed
portán	crab
sliogán	shell

59

Holidays

ag sléibhteoireacht	mountaineering
sliabh	mountain
mullach	summit
radharc	view
géar	steep
ag dreapadh	climbing
dreapadóir	climber
mála droma	rucksack, backpack

ag sciáil

ionad sciála

mullach

ag sléibhteoireacht

cathaoir iompair

radharc

sliabh

ag dreapadh

géar

dreapadóir

teagascóir sciála

mála droma

fána sciála

carr sleamhnáin

maide sciála

buataisí sciála

scíonna

ag sciáil	skiing
ionad sciála	ski resort
cathaoir iompair	chairlift
teagascóir sciála	ski instructor
fána sciála	ski slope, ski run
carr sleamhnáin	sledge
maide sciála	ski pole
buataisí sciála	ski boots
scíonna	skis

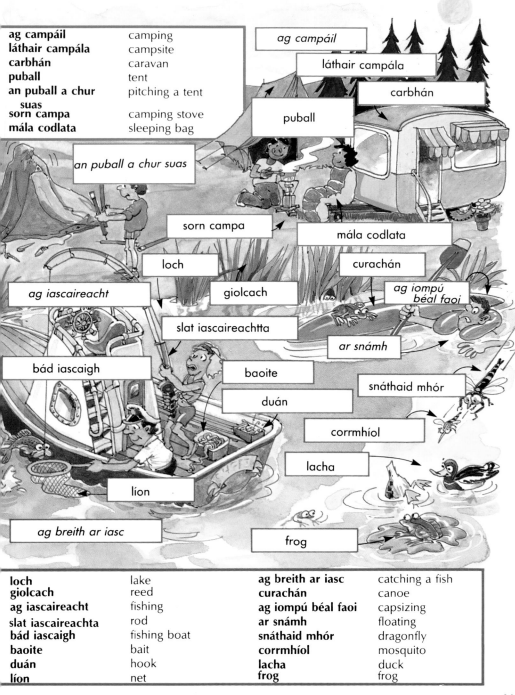

ag campáil	camping
láthair campála	campsite
carbhán	caravan
puball	tent
an puball a chur suas	pitching a tent
sorn campa	camping stove
mála codlata	sleeping bag

ag campáil

láthair campála

carbhán

puball

an puball a chur suas

sorn campa

mála codlata

loch

curachán

ag iascaireacht

giolcach

ag iompú béal faoi

slat iascaireachtta

ar snámh

bád iascaigh

baoite

snáthaid mhór

duán

corrmhíol

lacha

líon

ag breith ar iasc

frog

loch	lake	ag breith ar iasc	catching a fish
giolcach	reed	curachán	canoe
ag iascaireacht	fishing	ag iompú béal faoi	capsizing
slat iascaireachta	rod	ar snámh	floating
bád iascaigh	fishing boat	snáthaid mhór	dragonfly
baoite	bait	corrmhíol	mosquito
duán	hook	lacha	duck
líon	net	frog	frog

In the countryside

sráidbhaile

radharc tíre

suaimhneach

taobh tíre

teachín

ag dul ag siúl

sráidbhaile	village
radharc tíre	landscape
suaimhneach	peaceful
taobh tíre	countryside
teachín	cottage
ag dul ag siúl	to go for a walk

cosán

móinéar

sruthán

coinín

cosán	path
sruthán	stream
móinéar	meadow
coinín	rabbit
caochán	mole
ag dreapadh crainn	climbing a tree
bláthanna léana	wild flowers
ag cruinniú bláthanna	picking flowers
coróg	a bunch of flowers
nóinín	daisy
cailleach dhearg	poppy

caochán

ag dreapadh crainn

bláthanna léana

ag cruinniú bláthanna

coróg

nóinín

cailleach dhearg

coill

crann darach

crann giúise

duilleog

géag

coill	wood
crann darach	oak tree
crann giúise	pine tree
duilleog	leaf
géag	branch
ulchabhán	owl
lon dubh	blackbird
iora rua	squirrel
smólach	thrush
sionnach	fox
ag eitilt	flying
gealbhan	sparrow

ulchabhán

ag eitilt

gealbhan

smólach

lon dubh

iora rua

sionnach

gleann	valley
cnoc	hill
droichead	bridge
fána	slope
saileach shilte	weeping willow
bruach	bank
abhainn	river
cuileog	fly
damhán alla	spider
corrmhíol	mosquito

gleann

cnoc

droichead

fána

saileach shilte

bruach

abhainn

damhán alla

cuileog

corrmhíol

63

On the farm

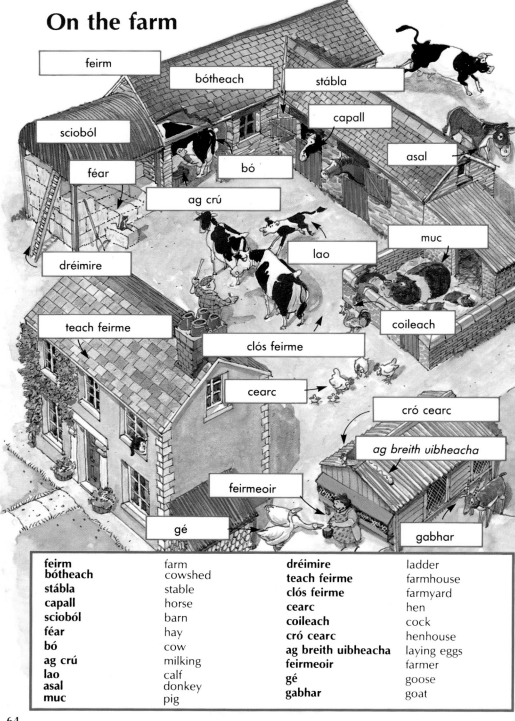

feirm

bótheach

stábla

capall

scioból

féar

bó

ag crú

asal

muc

lao

dréimire

coileach

teach feirme

clós feirme

cearc

cró cearc

ag breith uibheacha

feirmeoir

gé

gabhar

feirm	farm	**dréimire**	ladder
bótheach	cowshed	**teach feirme**	farmhouse
stábla	stable	**clós feirme**	farmyard
capall	horse	**cearc**	hen
sicióból	barn	**coileach**	cock
féar	hay	**cró cearc**	henhouse
bó	cow	**ag breith uibheacha**	laying eggs
ag crú	milking	**feirmeoir**	farmer
lao	calf	**gé**	goose
asal	donkey	**gabhar**	goat
muc	pig		

64

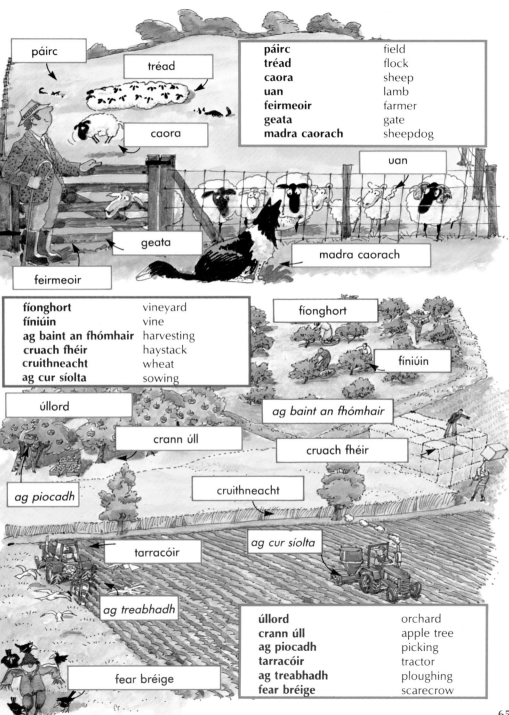

páirc

tréad

caora

páirc	field
tréad	flock
caora	sheep
uan	lamb
feirmeoir	farmer
geata	gate
madra caorach	sheepdog

uan

geata

madra caorach

feirmeoir

fíonghort	vineyard
fíniúin	vine
ag baint an fhómhair	harvesting
cruach fhéir	haystack
cruithneacht	wheat
ag cur síolta	sowing

fíonghort

fíniúin

úllord

crann úll

ag baint an fhómhair

cruach fhéir

ag piocadh

cruithneacht

tarracóir

ag cur síolta

ag treabhadh

úllord	orchard
crann úll	apple tree
ag piocadh	picking
tarracóir	tractor
ag treabhadh	ploughing
fear bréige	scarecrow

fear bréige

At work

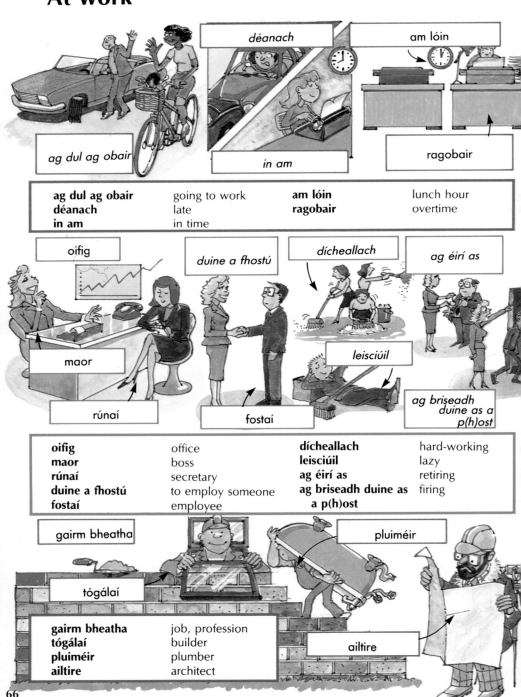

ag dul ag obair

déanach

am lóin

in am

ragobair

ag dul ag obair	going to work	**am lóin**	lunch hour
déanach	late	**ragobair**	overtime
in am	in time		

oifig

duine a fhostú

dícheallach

ag éirí as

maor

leisciúil

rúnaí

fostaí

ag briseadh
duine as a
p(h)ost

oifig	office	**dícheallach**	hard-working
maor	boss	**leisciúil**	lazy
rúnaí	secretary	**ag éirí as**	retiring
duine a fhostú	to employ someone	**ag briseadh duine as a p(h)ost**	firing
fostaí	employee		

gairm bheatha

pluiméir

tógálaí

ailtire

gairm bheatha	job, profession
tógálaí	builder
pluiméir	plumber
ailtire	architect

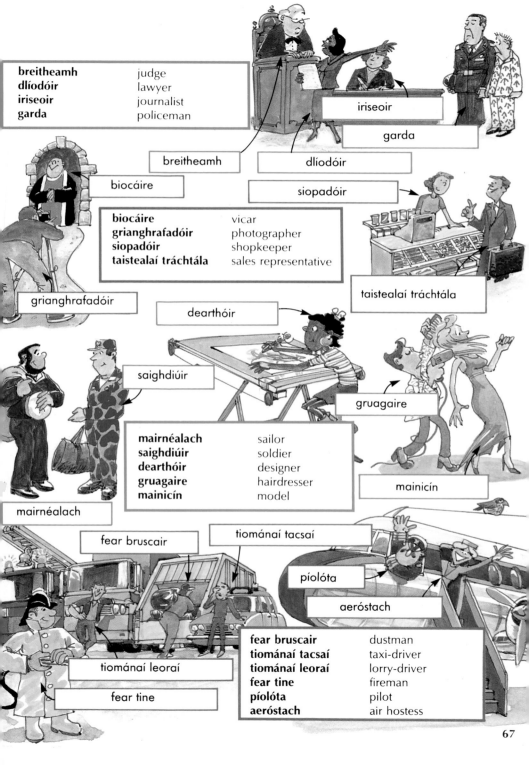

breitheamh — judge
dlíodóir — lawyer
iriseoir — journalist
garda — policeman

iriseoir

garda

breitheamh

dlíodóir

biocáire

siopadóir

biocáire — vicar
grianghrafadóir — photographer
siopadóir — shopkeeper
taistealaí tráchtála — sales representative

grianghrafadóir

taistealaí tráchtála

dearthóir

saighdiúir

gruagaire

mairnéalach — sailor
saighdiúir — soldier
dearthóir — designer
gruagaire — hairdresser
mainicín — model

mainicín

mairnéalach

fear bruscair

tiománaí tacsaí

píolóta

aeróstach

tiománaí leoraí

fear tine

fear bruscair — dustman
tiománaí tacsaí — taxi-driver
tiománaí leoraí — lorry-driver
fear tine — fireman
píolóta — pilot
aeróstach — air hostess

67

Illness and health

ag mothú tinn

teocht

teirmiméadar

fiabhras a bheith ar dhuine

dochtúir

oideas

ag leigheas

a bheith ar fónamh

piolla

sláintiúil

ag mothú tinn	to feel ill	**dochtúir**	doctor
teocht	temperature	**oideas**	prescription
teirmiméadar	thermometer	**ag leigheas**	curing
fiabhras a bheith ar dhuine	to have a fever	**piolla**	pill
		a bheith ar fónamh	to be well
		sláintiúil	healthy

slaghdán a bheith ar . . .

sraoth a dhéanamh

ag titim i laige

tinneas goile a bheith ar . . .

tinn

tinneas cinn a bheith ar . . .

slaghdán a bheith ar . . .	to have a cold
sraoth a dhéanamh	to sneeze
ag titim i laige	fainting
tinneas goile a bheith ar	to have stomach ache
tinn	sick
tinneas cinn a bheith ar . . .	to have a headache

fiaclóir

líonadh i bhfiacail

instealladh

tinneas fiacaile a bheith ar . . .

fiaclóir	dentist
líonadh i bhfiacail	a filling
instealladh	injection
tinneas fiacaile a bheith ar . . .	to have toothache

ospidéal	hospital
roinn taismigh	casualty department
do chos a bhriseadh	to break your leg
brú craicinn	bruise
gearradh	cut

dó	burn
do chaol láimhe a leonadh	to sprain your wrist
plástar	sticking plaster
bindealán	bandage

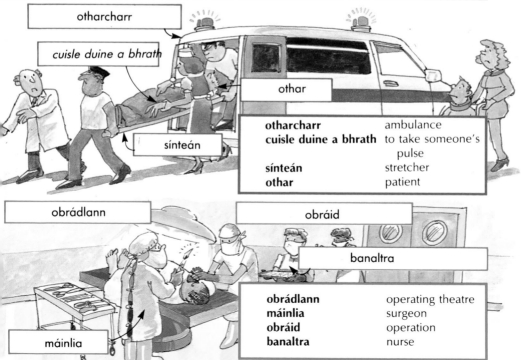

otharcharr	ambulance
cuisle duine a bhrath	to take someone's pulse
sínteán	stretcher
othar	patient

obrádlann	operating theatre
máinlia	surgeon
obráid	operation
banaltra	nurse

School and education

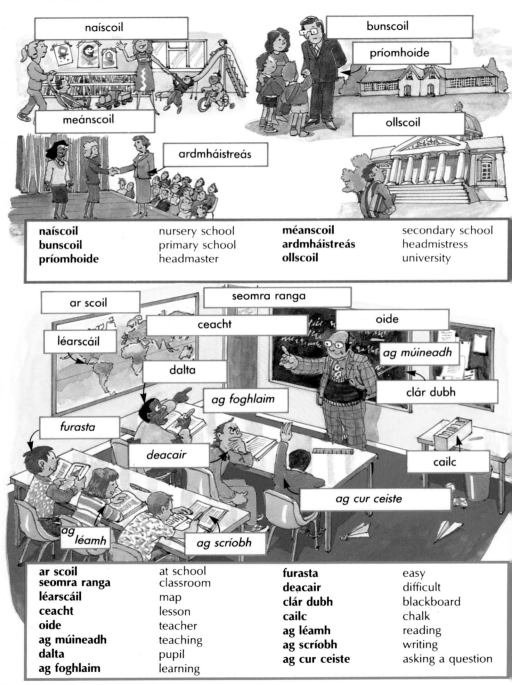

naíscoil

bunscoil

príomhoide

meánscoil

ollscoil

ardmháistreás

naíscoil	nursery school	méanscoil	secondary school
bunscoil	primary school	ardmháistreás	headmistress
príomhoide	headmaster	ollscoil	university

ar scoil

seomra ranga

ceacht

oide

léarscáil

ag múineadh

dalta

clár dubh

ag foghlaim

furasta

deacair

cailc

ag cur ceiste

ag léamh

ag scríobh

ar scoil	at school	furasta	easy
seomra ranga	classroom	deacair	difficult
léarscáil	map	clár dubh	blackboard
ceacht	lesson	cailc	chalk
oide	teacher	ag léamh	reading
ag múineadh	teaching	ag scríobh	writing
dalta	pupil	ag cur ceiste	asking a question
ag foghlaim	learning		

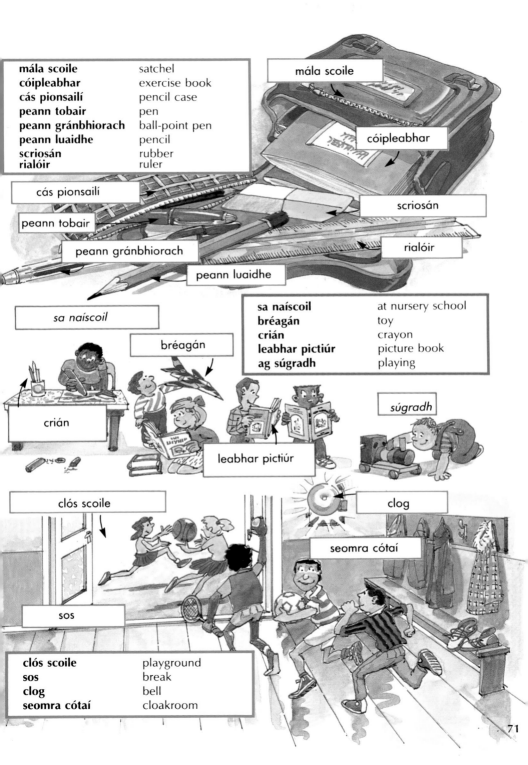

mála scoile	satchel
cóipleabhar	exercise book
cás pionsailí	pencil case
peann tobair	pen
peann gránbhiorach	ball-point pen
peann luaidhe	pencil
scriosán	rubber
rialóir	ruler

mála scoile

cóipleabhar

cás pionsailí

scriosán

peann tobair

rialóir

peann gránbhiorach

peann luaidhe

sa naíscoil

sa naíscoil	at nursery school
bréagán	toy
crián	crayon
leabhar pictiúr	picture book
ag súgradh	playing

bréagán

súgradh

crián

leabhar pictiúr

clós scoile

clog

seomra cótaí

sos

clós scoile	playground
sos	break
clog	bell
seomra cótaí	cloakroom

71

School and education

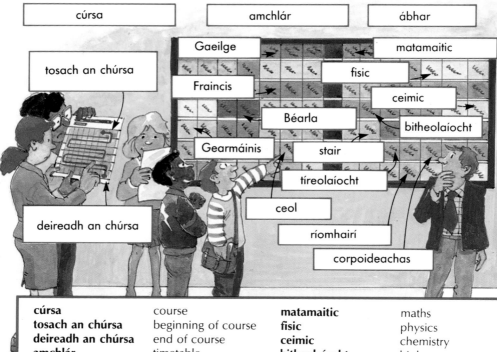

cúrsa

amchlár

ábhar

tosach an chúrsa

deireadh an chúrsa

Gaeilge

Fraincis

Béarla

Gearmáinis

matamaitic

fisic

ceimic

bitheolaíocht

stair

tíreolaíocht

ceol

ríomhairí

corpoideachas

cúrsa	course	**matamaitic**	maths
tosach an chúrsa	beginning of course	**fisic**	physics
deireadh an chúrsa	end of course	**ceimic**	chemistry
amchlár	timetable	**bitheolaíocht**	biology
ábhar	subject	**stair**	history
Gaeilge	Irish	**tíreolaíocht**	geography
Fraincis	French	**ceol**	music
Béarla	English	**ríomhairí**	computers
Gearmáinis	German	**corpoideachas**	PE

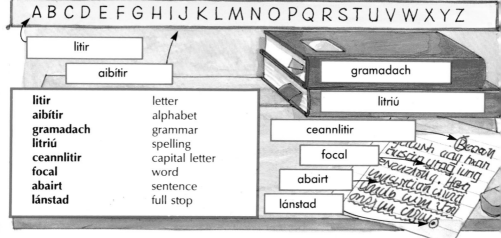

A B C D E F G H I J K L M N O P Q R S T U V W X Y Z

litir

aibítir

gramadach

litriú

ceannlitir

focal

abairt

lánstad

litir	letter
aibítir	alphabet
gramadach	grammar
litriú	spelling
ceannlitir	capital letter
focal	word
abairt	sentence
lánstad	full stop

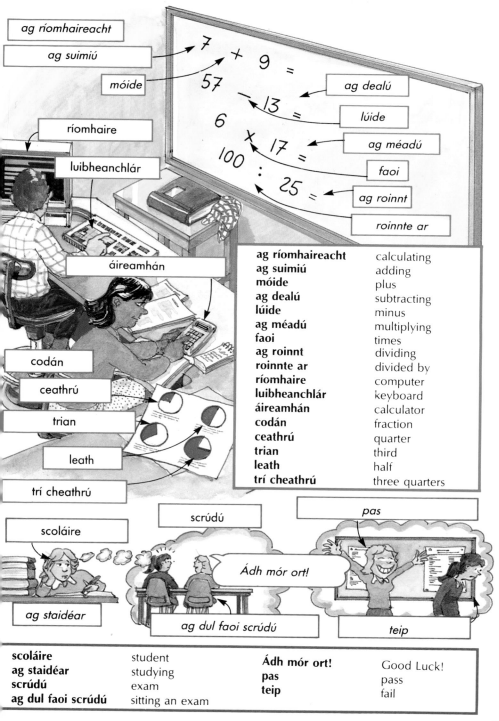

ag ríomhaireacht

ag suimiú

móide

ríomhaire

luibheanchlár

áireamhán

codán

ceathrú

trian

leath

trí cheathrú

scoláire

ag staidéar

ag dealú

lúide

ag méadú

faoi

ag roinnt

roinnte ar

scrúdú

pas

Ádh mór ort!

ag dul faoi scrúdú

teip

ag ríomhaireacht	calculating
ag suimiú	adding
móide	plus
ag dealú	subtracting
lúide	minus
ag méadú	multiplying
faoi	times
ag roinnt	dividing
roinnte ar	divided by
ríomhaire	computer
luibheanchlár	keyboard
áireamhán	calculator
codán	fraction
ceathrú	quarter
trian	third
leath	half
trí cheathrú	three quarters

scoláire	student	Ádh mór ort!	Good Luck!
ag staidéar	studying	pas	pass
scrúdú	exam	teip	fail
ag dul faoi scrúdú	sitting an exam		

73

Shapes and sizes

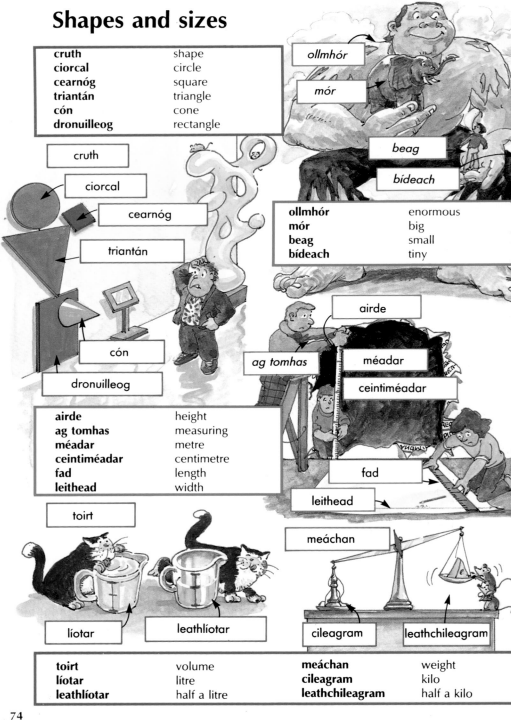

cruth	shape
ciorcal	circle
cearnóg	square
triantán	triangle
cón	cone
dronuilleog	rectangle

cruth

ciorcal

cearnóg

triantán

cón

dronuilleog

ollmhór

mór

beag

bídeach

ollmhór	enormous
mór	big
beag	small
bídeach	tiny

airde

ag tomhas

méadar

ceintiméadar

fad

leithead

airde	height
ag tomhas	measuring
méadar	metre
ceintiméadar	centimetre
fad	length
leithead	width

toirt

meáchan

líotar

leathlíotar

cileagram

leathchileagram

toirt	volume		**meáchan**	weight
líotar	litre		**cileagram**	kilo
leathlíotar	half a litre		**leathchileagram**	half a kilo

Numbers

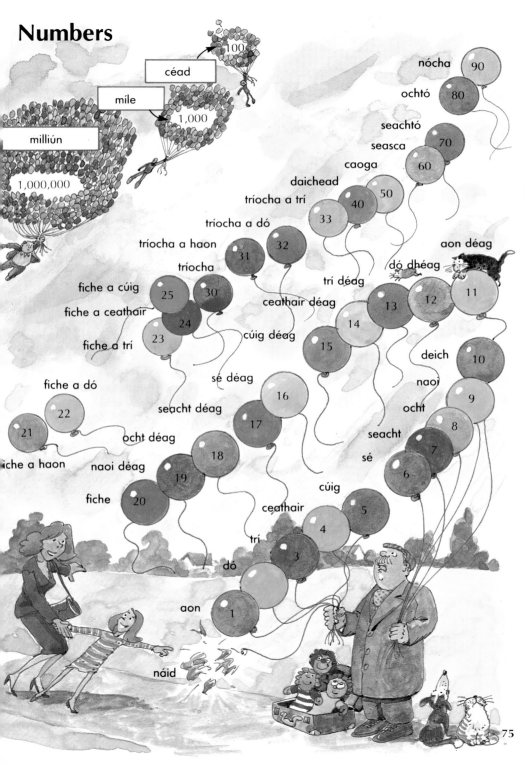

céad — 100

míle — 1,000

milliún — 1,000,000

nócha 90
ochtó 80
seachtó 70
seasca 60
caoga 50
daichead 40
tríocha a trí 33
tríocha a dó 32
tríocha a haon 31
tríocha 30
fiche a cúig 25
fiche a ceathair 24
fiche a trí 23
fiche a dó 22
fiche a haon 21
fiche 20
naoi déag 19
ocht déag 18
seacht déag 17
sé déag 16
cúig déag 15
ceathair déag 14
trí déag 13
dó dhéag 12
aon déag 11
deich 10
naoi 9
ocht 8
seacht 7
sé 6
cúig 5
ceathair 4
trí 3
dó 2
aon 1
náid

Sport

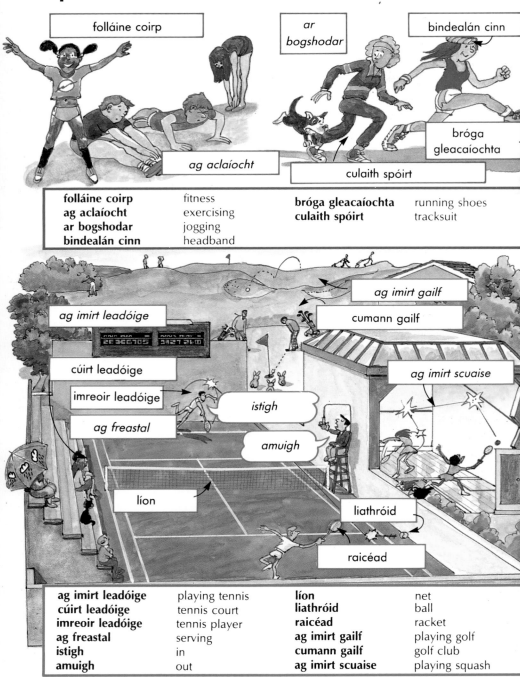

folláine coirp

ar bogshodar

bindealán cinn

ag aclaíocht

bróga gleacaíochta

culaith spóirt

folláine coirp	fitness	**bróga gleacaíochta**	running shoes
ag aclaíocht	exercising	**culaith spóirt**	tracksuit
ar bogshodar	jogging		
bindealán cinn	headband		

ag imirt leadóige

ag imirt gailf

cumann gailf

cúirt leadóige

ag imirt scuaise

imreoir leadóige

istigh

ag freastal

amuigh

líon

liathróid

raicéad

ag imirt leadóige	playing tennis	**líon**	net
cúirt leadóige	tennis court	**liathróid**	ball
imreoir leadóige	tennis player	**raicéad**	racket
ag freastal	serving	**ag imirt gailf**	playing golf
istigh	in	**cumann gailf**	golf club
amuigh	out	**ag imirt scuaise**	playing squash

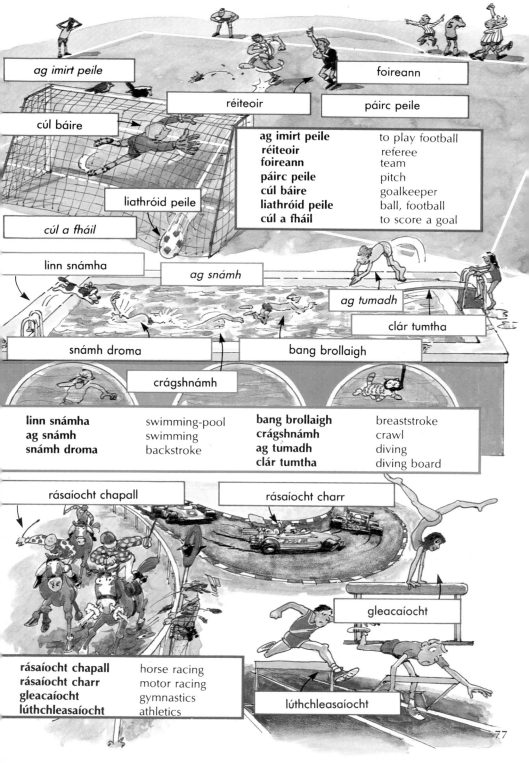

ag imirt peile

foireann

réiteoir

páirc peile

cúl báire

liathróid peile

cúl a fháil

ag imirt peile	to play football
réiteoir	referee
foireann	team
páirc peile	pitch
cúl báire	goalkeeper
liathróid peile	ball, football
cúl a fháil	to score a goal

linn snámha

ag snámh

ag tumadh

clár tumtha

snámh droma

bang brollaigh

crágshnámh

linn snámha	swimming-pool		**bang brollaigh**	breaststroke
ag snámh	swimming		**crágshnámh**	crawl
snámh droma	backstroke		**ag tumadh**	diving
			clár tumtha	diving board

rásaíocht chapall

rásaíocht charr

gleacaíocht

lúthchleasaíocht

rásaíocht chapall	horse racing
rásaíocht charr	motor racing
gleacaíocht	gymnastics
lúthchleasaíocht	athletics

77

Celebrations

breithlá	birthday
féasta	party
balún	balloon
Breithlá Sona	Happy Birthday
cuireadh a thabhairt	to invite
taitneamh a bhaint as	to have fun, to enjoy yourself
císte	cake
coinneal	candle
cárta breithlae	birthday card
bronntanas	present
páipéar beartán	wrapping paper

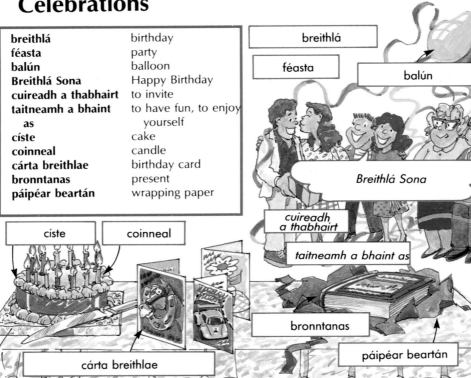

breithlá

féasta

balún

Breithlá Sona

cuireadh a thabhairt

taitneamh a bhaint as

císte

coinneal

bronntanas

páipéar beartán

cárta breithlae

Lá Nollag

Cáisc

Nollaig

Na Trí Ríthe

crann Nollag

Cáisc	Easter
Nollaig	Christmas
Lá Nollag	Christmas Day
Na Trí Ríthe	the Three Wise Men
crann Nollag	Christmas tree

geallúint pósta

bainis

ag pósadh

fear nuaphósta

brídeach

aoi

ag déanamh comhghairdis

crobhaing

sona

mí na meala

geallúint pósta	engagement
bainis	wedding
ag pósadh	marrying
fear nuaphósta	bridegroom
brídeach	bride
aoi	guest
ag déanamh comhghairdis	congratulating
crobhaing	bouquet
sona	happy
mí na meala	honeymoon

Nollaig shona!

carúl

ag tabhairt bronntanais

ag fáil bronntanais

Go raibh maith agat.

ag gabháil buíochais le

Oíche Chinn Bhliana

Lá Coille

ag ceiliúradh

Athbhliain faoi mhaise!

Nollaig shona!	Happy Christmas.
carúl	carol
ag tabhairt bronntanais	giving a present
ag fáil bronntanais	receiving a present
Go raibh maith agat.	Thank you.
ag gabháil buíochais le	thanking

Oíche Chinn Bhliana	New Year's Eve
Lá Coille	New Year's Day
ag ceiliúradh	celebrating
Athbhliain faoi mhaise!	Happy New Year.

Days and dates

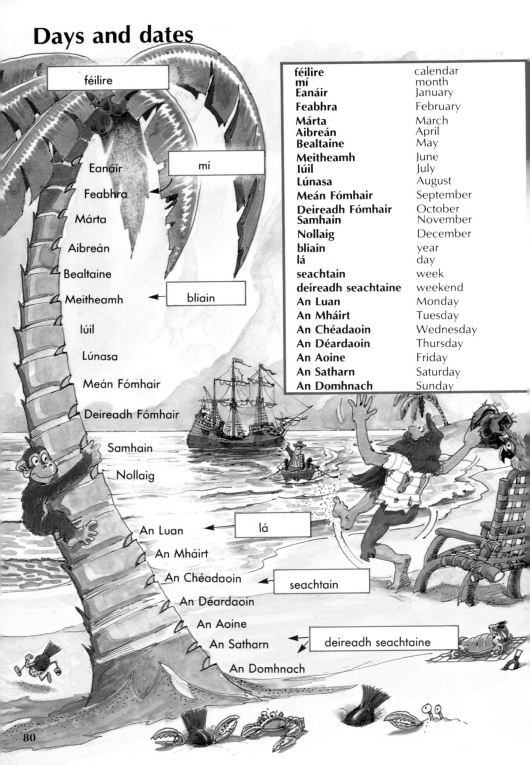

féilire

mí

bliain

Eanáir
Feabhra
Márta
Aibreán
Bealtaine
Meitheamh
Iúil
Lúnasa
Meán Fómhair
Deireadh Fómhair
Samhain
Nollaig

An Luan
An Mháirt
An Chéadaoin
An Déardaoin
An Aoine
An Satharn
An Domhnach

lá

seachtain

deireadh seachtaine

féilire	calendar
mí	month
Eanáir	January
Feabhra	February
Márta	March
Aibreán	April
Bealtaine	May
Meitheamh	June
Iúil	July
Lúnasa	August
Meán Fómhair	September
Deireadh Fómhair	October
Samhain	November
Nollaig	December
bliain	year
lá	day
seachtain	week
deireadh seachtaine	weekend
An Luan	Monday
An Mháirt	Tuesday
An Chéadaoin	Wednesday
An Déardaoin	Thursday
An Aoine	Friday
An Satharn	Saturday
An Domhnach	Sunday

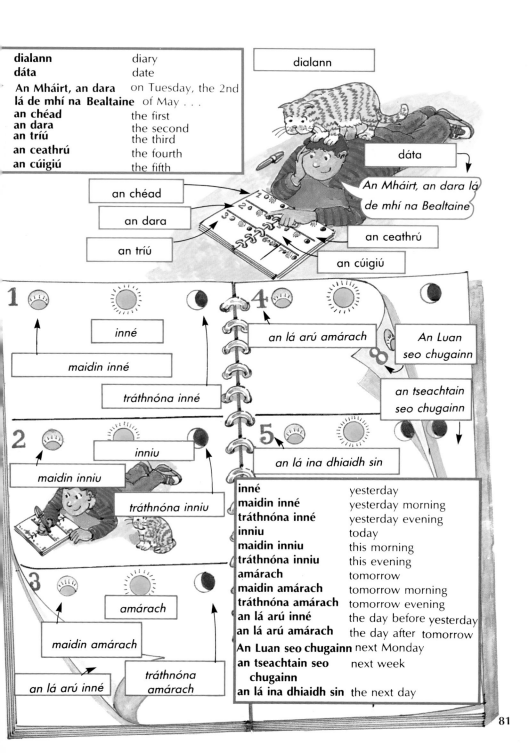

dialann	diary
dáta	date
An Mháirt, an dara	on Tuesday, the 2nd
lá de mhí na Bealtaine	of May . . .
an chéad	the first
an dara	the second
an tríú	the third
an ceathrú	the fourth
an cúigiú	the fifth

dialann

dáta

An Mháirt, an dara lá
de mhí na Bealtaine

an chéad

an dara

an tríú

an ceathrú

an cúigiú

1

inné

maidin inné

tráthnóna inné

an lá arú amárach

An Luan
seo chugainn

4

an tseachtain
seo chugainn

2

inniu

maidin inniu

tráthnóna inniu

5

an lá ina dhiaidh sin

3

amárach

maidin amárach

an lá arú inné

tráthnóna
amárach

inné	yesterday
maidin inné	yesterday morning
tráthnóna inné	yesterday evening
inniu	today
maidin inniu	this morning
tráthnóna inniu	this evening
amárach	tomorrow
maidin amárach	tomorrow morning
tráthnóna amárach	tomorrow evening
an lá arú inné	the day before yesterday
an lá arú amárach	the day after tomorrow
An Luan seo chugainn	next Monday
an tseachtain seo chugainn	next week
an lá ina dhiaidh sin	the next day

81

Time

breacadh lae	dawn	**grian**	sun
éirí gréine	sunrise	**spéir**	sky
Tá sé ag éirí geal.	It is getting light.	**Tá sé ina lá.**	It is light.
maidin	morning	**lá**	day, daytime

tráthnóna	evening	**réaltaí**	stars
dul faoi na gréine	sunset	**gealach**	moon
Tá sé ag éirí dorcha.	It is getting dark.	**Tá sé dorcha.**	It is dark.
oíche	night		

Cén t-am é?	What time is it?	**ceathrú chun a 10**	a quarter to 10
uair	hour	**cúig nóiméad tar éis a 10**	five past 10
nóiméad	minute	**ceathrú tar éis a 10**	a quarter past 10
soicind	second	**leathuair tar éis a 10**	half past 10
Tá sé a 1 a chlog.	It is 1 o'clock	**a 8 a chlog ar maidin**	8 a.m.
Tá sé a 3 a chlog.	It is 3 o'clock	**a 8 a chlog um thráthnóna**	8 p.m.
meán lae	midday		
meán oíche	midnight		

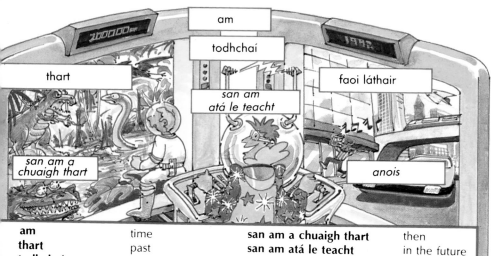

am	time	**san am a chuaigh thart**	then
thart	past	**san am atá le teacht**	in the future
todhchaí	future	**anois**	now
faoi láthair	present		

Weather and seasons

séasúr	season
earrach	spring
samhradh	summer
fómhar	autumn
geimhreadh	winter

séasúr

earrach

aimsir

ag cur báistí

geimhreadh

báisteach

stoirm

scamall

fómhar

samhradh

tintreach

toirneach

bogha báistí

scáth fearthainne

báite go craiceann

buataisí rubair

locháinín

braon báistí

clocha sneachta

tuile

aimsir	weather
ag cur báistí	It's raining.
báisteach	rain
stoirm	storm
scamall	cloud
tintreach	lightning
toirneach	thunder
scáth fearthainne	umbrella
bogha báistí	rainbow
buataisí rubair	wellington boots
báite go craiceann	soaked to the skir
locháinín	puddle
braon báistí	raindrop
clocha sneachta	hail
tuile	flood

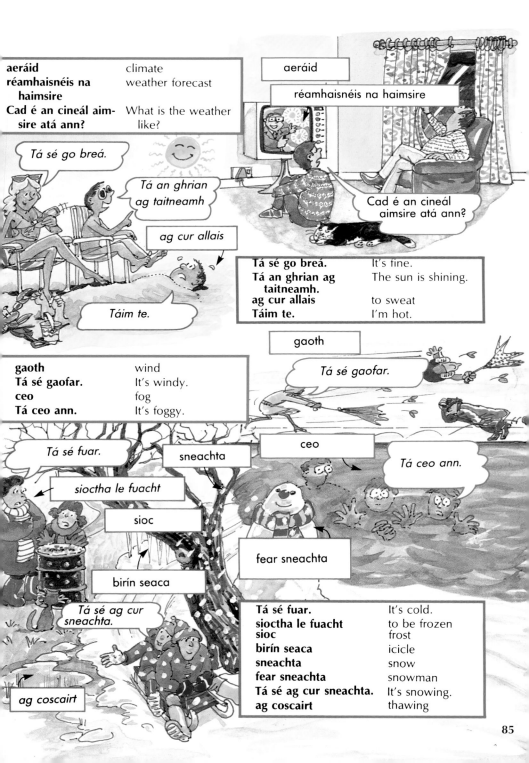

aeráid — climate
réamhaisnéis na haimsire — weather forecast
Cad é an cineál aimsire atá ann? — What is the weather like?

Tá sé go breá. — It's fine.
Tá an ghrian ag taitneamh. — The sun is shining.
ag cur allais — to sweat
Táim te. — I'm hot.

gaoth — wind
Tá sé gaofar. — It's windy.
ceo — fog
Tá ceo ann. — It's foggy.

Tá sé fuar. — It's cold.
sioctha le fuacht — to be frozen
sioc — frost
birín seaca — icicle
sneachta — snow
fear sneachta — snowman
Tá sé ag cur sneachta. — It's snowing.
ag coscairt — thawing

85

World and universe

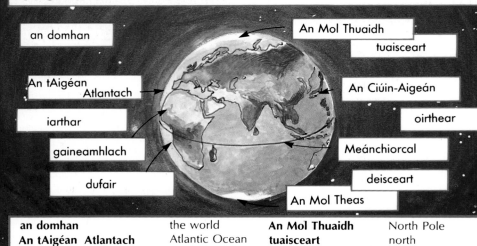

an domhan	the world	An Mol Thuaidh	North Pole
An tAigéan Atlantach	Atlantic Ocean	tuaisceart	north
iarthar	west	An Ciúin-Aigeán	Pacific Ocean
gaineamhlach	desert	oirthear	east
dufair	jungle	Meánchiorcal	Equator
An Mol Theas	South Pole	deisceart	south

mór-roinn

tír

Aontacht na Sóivéide

Ceanada

An tSeapáin

An tSín

Na Stáit Aontaithe

An Eoraip

An India

An Aifric

An Nua-Shéalainn

An Astráil

Meiriceá Theas

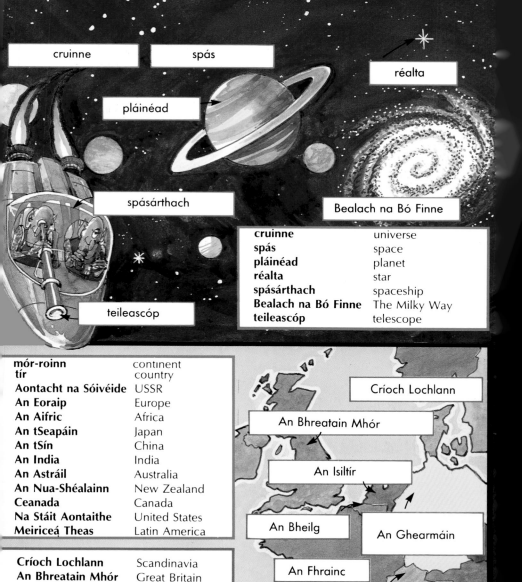

cruinne

spás

réalta

pláinéad

spásárthach

Bealach na Bó Finne

teileascóp

cruinne	universe
spás	space
pláinéad	planet
réalta	star
spásárthach	spaceship
Bealach na Bó Finne	The Milky Way
teileascóp	telescope

mór-roinn	continent
tír	country
Aontacht na Sóivéide	USSR
An Eoraip	Europe
An Aifric	Africa
An tSeapáin	Japan
An tSín	China
An India	India
An Astráil	Australia
An Nua-Shéalainn	New Zealand
Ceanada	Canada
Na Stáit Aontaithe	United States
Meiriceá Theas	Latin America

Críoch Lochlann	Scandinavia
An Bhreatain Mhór	Great Britain
An Isiltír	Netherlands
An Bheilg	Belgium
An Ghearmáin	West Germany
An Fhrainc	France
An Eilvéis	Switzerland
An Iodáil	Italy
An Spáinn	Spain

Críoch Lochlann

An Bhreatain Mhór

An Isiltír

An Bheilg

An Ghearmáin

An Fhrainc

An Eilvéis

An Iodáil

An Spáinn

Politics

uachtarán	president
an Dáil	parliament
teachta dála	member of parliament
taoiseach	prime minister
rialtas	government

uachtarán

an Dáil

teachta dála

taoiseach

rialtas

páirtí polaitíochta

ceannaire

lucht leanúna

ball

páirtí polaitíochta	party
ceannaire	leader
lucht leanúna	followers
ball	member

toghchán

ag vótáil

eite chlé

sa lár

eite dheas

ag buachaint

ag cailliúint

dul isteach i bpáirtí

ina b(h)all de . . .

toghchán	election	**sa lár**	centre
ag vótáil	voting	**eite dheas**	right wing
ag buachaint	winning	**dul isteach i bpáirtí**	joining a party
ag cailliúint	losing	**ina b(h)all de . . .**	to belong to
eite chlé	left wing		

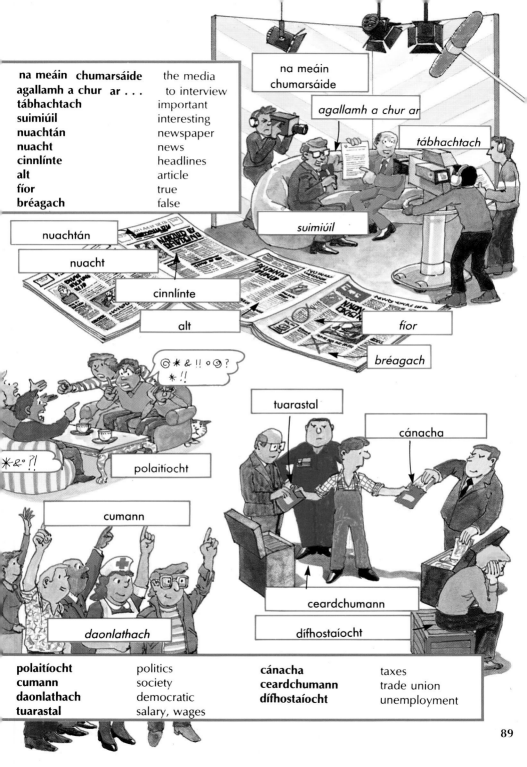

na meáin chumarsáide	the media
agallamh a chur ar . . .	to interview
tábhachtach	important
suimiúil	interesting
nuachtán	newspaper
nuacht	news
cinnlínte	headlines
alt	article
fíor	true
bréagach	false

na meáin chumarsáide

agallamh a chur ar

tábhachtach

suimiúil

nuachtán

nuacht

cinnlínte

alt

fíor

bréagach

tuarastal

cánacha

polaitíocht

cumann

ceardchumann

daonlathach

dífhostaíocht

polaitíocht	politics	cánacha	taxes
cumann	society	ceardchumann	trade union
daonlathach	democratic	dífhostaíocht	unemployment
tuarastal	salary, wages		

Describing things

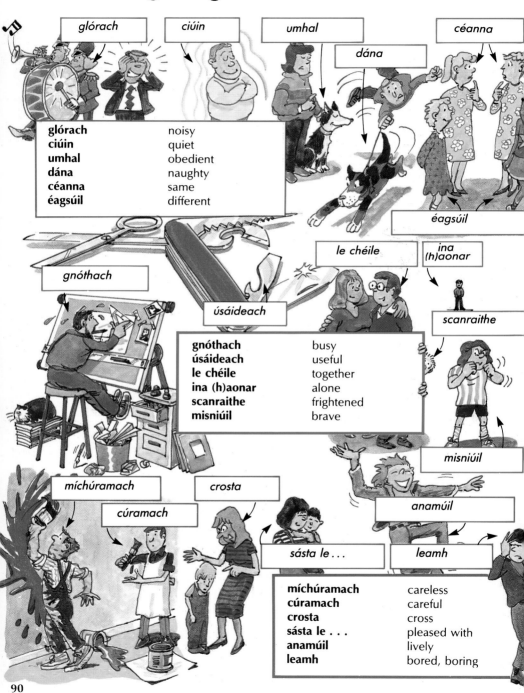

glórach

ciúin

umhal

dána

céanna

glórach	noisy
ciúin	quiet
umhal	obedient
dána	naughty
céanna	same
éagsúil	different

éagsúil

gnóthach

le chéile

ina (h)aonar

úsáideach

scanraithe

gnóthach	busy
úsáideach	useful
le chéile	together
ina (h)aonar	alone
scanraithe	frightened
misniúil	brave

misniúil

míchúramach

crosta

cúramach

anamúil

sásta le . . .

leamh

míchúramach	careless
cúramach	careful
crosta	cross
sásta le . . .	pleased with
anamúil	lively
leamh	bored, boring

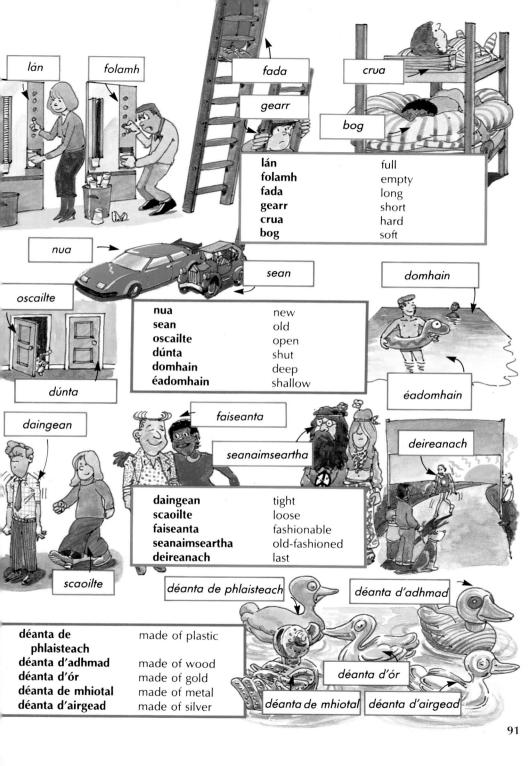

lán

folamh

fada

gearr

crua

bog

lán	full
folamh	empty
fada	long
gearr	short
crua	hard
bog	soft

nua

sean

oscailte

dúnta

domhain

éadomhain

nua	new
sean	old
oscailte	open
dúnta	shut
domhain	deep
éadomhain	shallow

daingean

faiseanta

seanaimseartha

deireanach

scaoilte

daingean	tight
scaoilte	loose
faiseanta	fashionable
seanaimseartha	old-fashioned
deireanach	last

déanta de phlaisteach

déanta d'adhmad

déanta d'ór

déanta de mhiotal

déanta d'airgead

déanta de phlaisteach	made of plastic
déanta d'adhmad	made of wood
déanta d'ór	made of gold
déanta de mhiotal	made of metal
déanta d'airgead	made of silver

Colours

dath

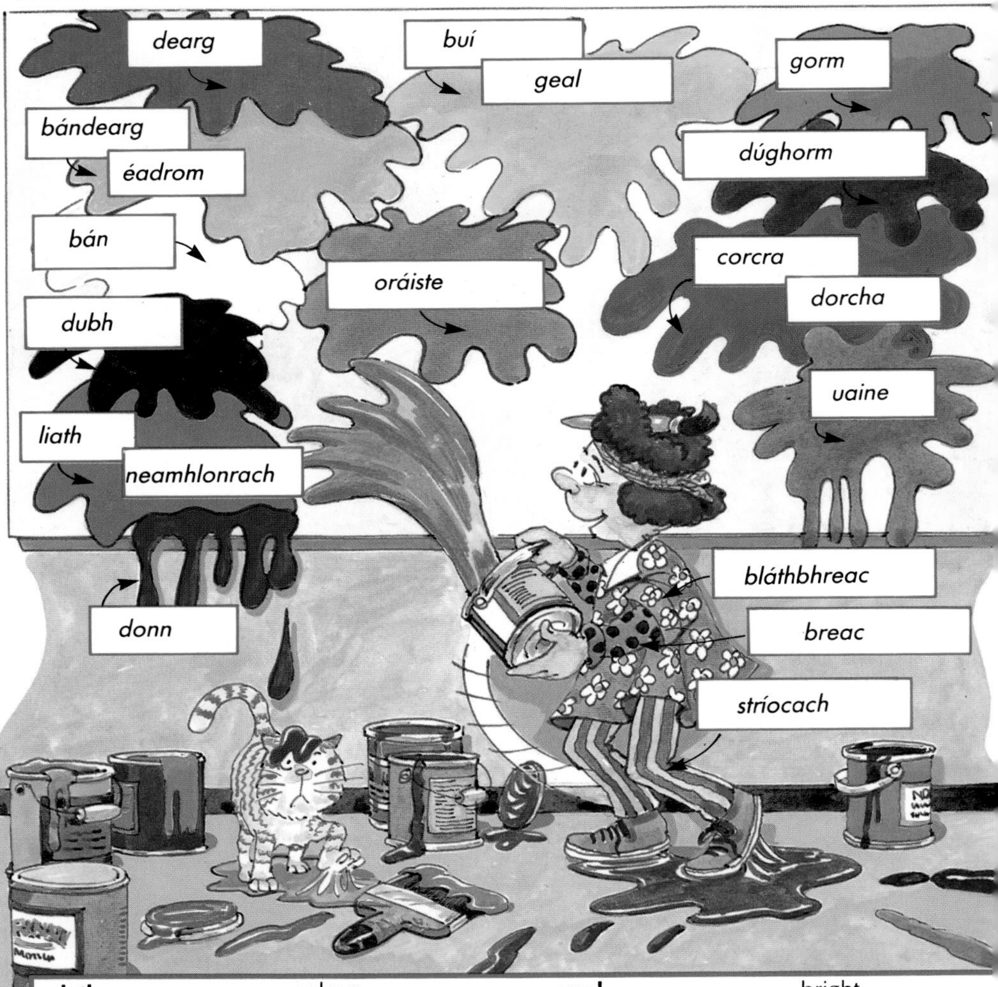

dearg

buí

geal

gorm

dúghorm

bándearg

éadrom

bán

oráiste

corcra

dorcha

dubh

uaine

liath

neamhlonrach

bláthbhreac

breac

donn

stríocach

dath	colour	**geal**	bright
dearg	red	**oráiste**	orange
bándearg	pink	**gorm**	blue
éadrom	pale	**dúghorm**	navy blue
bán	white	**corcra**	purple
dubh	black	**dorcha**	dark
liath	grey	**uaine**	green
neamhlonrach	dull	**bláthbhreac**	flowered
donn	brown	**breac**	spotted
buí	yellow	**stríocach**	striped

In, on, under . . .

i	in	**taobh thiar de . . .**	behind
ar	on	**i gcoinne**	against
faoi	under	**trí**	through
thar	over	**i measc**	among
isteach i . . .	into	**i dtreo**	to, towards
as	out of	**ó**	away from
in aice	beside	**suas**	up
idir	between	**síos**	down
i ngar do . . .	near	**ar aghaidh**	opposite
i bhfad ó . . .	far away from	**le**	with
os comhair	in front of	**gan**	without

93

Action words

ag cogarnaíl

ag glaoch

ag cuardach

ag fanacht le . . .

droim a chur le balla

ag coinneáil greim ar . .

ag cogarnaíl	whispering
ag glaoch	shouting
ag cuardach	looking for
ag fanacht le . . .	waiting for
droim a chur le balla	leaning on
ag coinneáil greim ar . . .	holding on to . . .

ag iompar

ag piocadh suas

ag titim ó . . .

ag cur síos

ag iompar	carrying	**ag piocadh suas**	picking up
ag titim ó . . .	dropping from	**ag cur síos**	putting down

lámh a leagan ar . . .

ag dúnadh

ag oscailt

ag doirteadh

ag líonadh

ag croitheadh

ag folmhú

lámh a leagan ar . . .	touching
ag oscailt	opening
ag dúnadh	closing
ag doirteadh	pouring
ag líonadh	filling
ag croitheadh	shaking
ag folmhú	emptying

ag stróiceadh

ag caitheamh

ag breith ar . . .

ag stróiceadh	tearing
ag deisiú	mending
ag caitheamh	throwing
ag breith ar . . .	catching
ag iompú	knocking over
ag briseadh	breaking

ag deisiú

ag iompú

ag briseadh

ag goid

ag sleamhnú

ag tarraingt

ag brú

ag teitheadh

ag leanúint

ag dul i bhfolach

ag tarraingt	pulling	ag teitheadh	running away
ag brú	pushing	ag leanúint	following
ag goid	stealing	ag dul i bhfolach	hiding
ag sleamhnú	slipping		

95

Grammar hints

In order to speak Irish well, you need to learn a bit about its grammar, that is, how you put words together and make sentences. On the next few pages there are some hints on Irish grammar. Don't worry if you cannot remember them all at first. Try to learn a little grammar at a time and then practise using it.

Nouns

In Irish nouns are declined and their beginnings and/or endings may change according to gender (masculine or feminine), number (singular or plural) and case. There are 5 cases. All nouns are either masculine or feminine. When you are talking about only one thing, generally the word you use for 'the' is 'an' before both masculine and feminine nouns, e.g.

an capall	the horse
an mhuc	the pig

Note that the first consonant 'm' of **muc** is lenited, or softened, because the word is feminine. 'h' indicates the change: **an mhuc** sounds something like **un vuc**.

't-' is placed before a masculine noun which commences with a vowel when that noun is in either the nominative case (singular) or accusative case (singular), e.g.

D'imigh an t-éan	The bird disappeared
Bhuail sé an t-uan	He hit the lamb

Feminine nouns which commence with a vowel are unchanged in both the nominative and accusative case (singular), e.g.

Tá an áit go deas	The place is lovely
Bhris mé an ubh	I broke the egg

Nouns, with some exceptions, are divided into 5 categories. It is very useful to be familiar with these declensions as they can help you to know whether a noun is masculine or feminine. All the nouns in the First Declension are masculine, e.g.

an capall	the horse
an marcach	the rider
an t-éan	the bird

Nearly all the nouns in the Second Declension are feminine, e.g.

an bhróg	the shoe
an fheirm	the farm
an áit	the place

Note that both the '**b**' and '**f**' of **bróg** and **feirm**, respectively, are lenited. They sound like **un vróg** and **un eirm**. The other 3 declensions have a mixture of both feminine and masculine nouns, but word endings may help you to decide whether a noun is masculine or feminine, e.g. most of the words ending with –**ín** in the Fourth Declension are masculine:

an coinín	the rabbit
an caipín	the cap
an gairdín	the garden

Most of the words ending with (**e**)**óir** in the Third Declension are masculine, e.g.

an fiaclóir	the dentist
an bearbóir	the barber
an múinteoir	the teacher

Plurals

When you are talking about more than one thing the word for 'the' is '**na**' before both masculine and feminine nouns. '**a**' is added to some nouns in the plural, e.g.

na bróga	the shoes
na muca	the pigs

'i' is inserted before the final broad consonant in some words, e.g.

na huain	the lambs
na capaill	the horses
na héin	the birds

There are a number of other plural endings, such as **í**, **(e)anna** and **(e)acha**, e.g.

na múinteoirí	the teachers
na páirceanna	the parks
na heochracha	the keys

Cases

The beginnings and/or endings of nouns in Irish may change, especially in respect to case:

an fear	the man

The following sentences indicate how **fear** is declined in the singular:

Nominative Case
Tá an fear tinn   The man is sick
Accusative Case
Bhuail mé an fear   I hit the man
Genitive Case
Tá caipín an fhir caillte   The man's hat is lost
Dative Case
Bhí mé ag caint leis an bhfear   I was talking to the man
Vocative Case
a fhir!   man!

Note particularly how **fear** changes in the genitive, or possessive, case: 'ea' changes to 'i' and the first consonant is lenited: **an fhir** sounds something like **un ir**.

Adjectives

Adjectives are describing words. In Irish adjectives usually follow the nouns they are describing. They also change their beginnings and/or endings, depending on the gender (masculine or feminine), on the number (singular or plural) and on the case—there are 5 cases—of the nouns they are qualifying, e.g.

mór	big
beag	small

an fear mór	the big man
caipín an fhir mhóir	the big man's hat
na fir mhóra	the big men

an bhróg bheag	the small shoe
dath na bróige bige	the colour of the small shoe
na bróga beaga	the small shoes

Comparing Adjectives

To compare things, you put —

chomh . . . le	as . . . as
níos . . . ná	more . . . than
is . . .	the most

with an adjective, e.g.

Tá an fear chomh mór le capall	The man is as big as a horse

Tá Seán ard	John is tall
Tá Máire níos airde ná Seán	Mary is taller than John

Is é Pádraig an duine is airde	Patrick is the tallest person

Note how **ard** changes after **níos** and **is**. Slender 'i' is inserted before broad 'r' and 'e' is added to the ending. Just as in English, some adjectives change completely and in Irish **níos** and **is** are retained where appropriate:

maith	good
níos fearr	better
is fearr	best

olc	bad
níos measa	worse
is measa	worst

Pronouns

I, you, he, she, etc. are personal pronouns. You use them in place of a noun:

mé	I
tú	you
sé (é)	he
sí (í)	she
sinn	we
sibh	you (pl.)
siad	they

The pronouns are very often used with verbs, e.g.

ghlan mé	I cleaned
bhuail sí	she hit
bhris siad	they broke

Prepositions

In Irish, prepositions come either directly before a noun or before **an** (the) followed by a noun, e.g.

ar chapall	on a horse
ar an gcapall	on the horse

Note the eclipsis: **gcapall**, which sounds like **GOPul**.

le casúr	with a hammer
leis an gcasúr	with the hammer

Note the eclipsis: **gcasúr**, which sounds like **GOSoor**.

Here is a list of very useful prepositions:

ag	at
ar	on
de	off, from
do	to, for
faoi	under
i	in
idir	between
ó	from
roimh	before
thar	over
trí	through

Prepositional Pronouns

These pronouns are made up of a preposition and a personal pronoun, e.g.

ar + **mé** → **orm**	on me
do + **mé** → **dom**	to me, for me
le + **mé** → **liom**	with me

Chuir mé mo chóta orm	I put on my coat
Thug sé leabhair dom	He gave me a book
Is maith liom	I like

Prepositional pronouns have 1st, 2nd and 3rd person singular and plural, e.g.

dom	to me
duit	to you
dó	to him
di	to her
dúinn	to us
daoibh	to you (pl.)
dóibh	to them

liom	with me
leat	with you
leis	with him
léi	with her
linn	with us
libh	with you (pl.)
leo	with them

orm	on me
ort	on you
air	on him
uirthi	on her
orainn	on us
oraibh	on you (pl.)
orthu	on them

Possessive Adjectives

my, your, his, her, etc. are translated into Irish with the following:

mo	my
do	your
a	his/her
ár	our
bhur	your (pl.)
a	their

mo, **do**, **a** (his) lenite the first consonant of the following word, where possible:

mo p̲hóca	my pocket
do p̲hóca	your pocket
a p̲hóca	his pocket

p̲hóca sounds something like **FÓca**.

a (her) does not lenite the first consonant of the following word, e.g.

a póca	her pocket

ár, **bhur**, **a** (their) take an eclipsis:

ár b̲pócaí	our pockets
bhur b̲pócaí	your pockets
a b̲pócaí	their pockets

b̲pócaí sounds something like **BÓcee** — 'b' is the eclipsis.

Verbs

Irish verbs (action words) can be divided into 3 main groupings:

— 1st Conjugation Verbs
— 2nd Conjugation Verbs
— Irregular Verbs

1st Conjugation Verbs

Most of these verbs have one-syllable roots, e.g.

glan	clean
bris	break

—**(e)ann** is added to give the Present Tense in all persons, except 1st person singular and 1st person plural where the pronouns are incorporated into the endings of the verb, e.g.

glan	
glana̲im	I clean
glanann tú	you clean
glanann sé	he cleans
glanann sí	she cleans
glanaim̲id	we clean
glanann sibh	you clean
glanann siad	they clean

bris	
brisi̲m	I break
briseann tú	you break
briseann sé	he breaks
briseann sí	she breaks
brisi̲mid	we break
briseann sibh	you break
briseann siad	they break

You use the Past Tense for events which have already happened. If the first letter of the verb is a consonant, that consonant is lenited where possible. The lenition is shown by '**h**', e.g.

glan

ghlan mé	I cleaned
ghlan tú	you cleaned
ghlan sé	he cleaned
ghlan sí	she cleaned
ghlanamar	we cleaned
ghlan sibh	you cleaned
ghlan siad	they cleaned

bris

bhris mé	I broke
bhris tú	you broke
bhris sé	he broke
bhris sí	she broke
bhriseamar	we broke
bhris sibh	you broke
bhris siad	they broke

If the first letter of the verb is a vowel **d'** is placed before the verb:

ól   drink

d'ól mé	I drank
d'ól tú	you drank
d'ól sé	he drank
d'ól sí	she drank
d'ólamar	we drank
d'ól sibh	you drank
d'ól siad	they drank

The Future Tense is used for things you are going to do. **–f(a)idh** is added to the root, e.g.

bris

brisfidh mé	I shall break
brisfidh tú	you will break
brisfidh sé	he will break
brisfidh sí	she will break
brisfimid	we shall break
brisfidh sibh	you will break
brisfidh siad	they will break

2nd Conjugation Verbs

These verbs have more than one syllable in their roots, e.g.

ceannaigh	buy
éirigh	get up

They have **(a)íonn** in their endings in the Present Tense, except for the 1st person singular and plural which have **–(a)ím** and **–(a)ímid** incorporating the pronouns:

ceannaigh

ceannaím	I buy
ceannaíonn tú	you buy
ceannaíonn sé	he buys
ceannaíonn sí	she buys
ceannaímid	we buy
ceannaíonn sibh	you buy
ceannaíonn siad	they buy

éirigh

éirím	I get up
éiríonn tú	you get up
éiríonn sé	he gets up
éiríonn sí	she gets up
éirímid	we get up
éiríonn sibh	you get up
éiríonn siad	they get up

In the Past Tense, if the first letter of the verb is a consonant, that consonant is lenited where possible, e.g.

ceannaigh

cheannaigh mé	I bought
cheannaigh tú	you bought
cheannaigh sé	he bought
cheannaigh sí	she bought
cheannaíomar	we bought
cheannaigh sibh	you bought
cheannaigh siad	they bought

If the first letter is a vowel **d'** is placed before the verb, e.g.

éirigh

d'éirigh mé	I got up
d'éirigh tú	you got up
d'éirigh sé	he got up
d'éirigh sí	she got up
d'éiríomar	we got up
d'éirigh sibh	you got up
d'éirigh siad	they got up

The Future Tense ending for 2nd Conjugation Verbs is **–eoidh** and **–óidh**, e.g.

ceannaigh

ceannóidh mé	I shall buy
ceannóidh tú	you will buy
ceannóidh sé	he will buy
ceannóidh sí	she will buy
ceannóimid	we shall buy
ceannóidh sibh	you will buy
ceannóidh siad	they will buy

éirigh

éireoidh mé	I shall get up
éireoidh tú	you will get up
éireoidh sé	he will get up
éireoidh sí	she will get up
éireoimid	we shall get up
éireoidh sibh	you will get up
éireoidh siad	they will get up

Irregular Verbs

In Irish there are a number of irregular verbs and they are used very frequently. All of them need to be learned separately as their roots may change from tense to tense.

abair	say
deir sé	he says
dúirt sé	he said
déarfaidh sé	he will say
beir	catch
beireann sé	he catches
rug sé	he caught
béarfaidh sé	he will catch
bí	be
tá sé	he is
bhí sé	he was
beidh sé	he will be
clois	hear, listen
cloiseann sé	he hears
chuala sé	he heard
cloisfidh sé	he will hear
déan	do
déanann sé	he does
rinne sé	he did
déanfaidh sé	he will do
faigh	get
faigheann sé	he gets
fuair sé	he got
gheobhaidh sé	he will get

gheobhaidh sounds something like **yeoig**

feic	see
feiceann sé	he sees
chonaic sé	he saw
feicfidh sé	he will see
ith	eat
itheann sé	he eats
d'ith sé	he ate
íosfaidh sé	he will eat
tabhair	give
tugann sé	he gives
thug sé	he gave
tabharfaidh sé	he will give
tar	come
tagann sé	he comes
tháinig sé	he came
tiocfaidh sé	he will come
téigh	go
téann sé	he goes
chuaigh sé	he went
rachaidh sé	he will go

The Copula

The verb 'is' is frequently used in Irish, e.g.

Is cailín í	She is a girl
Is í Síle an cailín is óige	It is Sheila who is the youngest girl

'ba' is used in the Past Tense, e.g.

Ba mhúinteoir í	She was a teacher
Ba é Pádraig a bhris an fhuinneog	It was Patrick who broke the window

Verbal Nouns

Verbal nouns are derived from verbs and are used very often in Irish with 'ag', e.g.

Táim ag glanadh an tí	I am cleaning the house
Tá sí ag briseadh na fuinneoige	She is breaking the window
Tá tú ag bailiú airgid	You are collecting money
Tá Seán ag scríobh	John is writing

Verbal Adjectives

These are adjectives derived from verbs, e.g.

dún → dúnta	closed
déan → déanta	done
ith → ite	eaten

Tá an doras dúnta	The door is closed
Tá an obair déanta	The work is done
Tá an milseán ite aige	He has eaten the sweet

Negatives

To make a negative in Irish you put 'ní' or 'níor' before the verb – ní for Present and Future Tenses, níor for the Past Tense, e.g.

Ní chuireann sé	He does not put
Ní chuirfidh sé	He will not put
Níor chuir sé	He did not put

Note: 'ní' and 'níor' lenite the following consonant where possible. 'ní' is also used in the Past Tense before some irregular verbs, e.g.

Ní fhaca sé	He did not see
Ní raibh sé	He was not

Questions

We can ask questions by placing 'an' or 'ar' before the verb. 'an' is used with the Present and Future Tenses and 'ar' is used with the Past Tense, e.g.

An dtagann tú anseo go minic?	Do you come here often?
An dtiocfaidh tú anseo amárach?	Will you come here tomorrow?

Note the eclipsis 'd' before 't' in both tenses.

<u>d</u>tagann sounds something like **DOGon**.

Ar tháinig tú anseo inné?	Did you come here yesterday?

Here are some important words you will need when asking questions:

Cá?	Where?
Cá bhfuil tú?	Where are you?

Cathain?	When?
Cathain a tháinig tú anseo?	When did you come here?
Cé mhéad?	How much?
Cé mhéad atá air?	How much does it cost?
Céard (cad)?	What?
Céard (cad) a rinne tú?	What did you do?
Cén fáth?	Why?
Cén fáth ar tháinig tú anseo?	Why did you come here?
Conas?	How?
Conas tá tú?	How are you?

English-Irish word list

A

accelerating	ag luasghéarú
actor	aisteoir (m)
actress	ban-aisteoir (m)
adding	ag suimiú
address	seoladh (m)
advertisement	fógra (m)
aeroplane	eitleán (m)
Africa	An Aifric (f)
against	i gcoinne
age	aois (f)
I agree	aontaím
air hostess	aeróstach (m)
air steward	stiobhard (m) eitleáin
airline ticket	ticéad (m) aerlíne
airmail	aerphost (m)
airport	aerphort (m)
aisle	pasáiste (m)
alarm clock	clog (m) aláraim
alone	ina (h)aonar
alphabet	aibítir (f)
ambulance	otharcharr (m)
among	i measc
anchor	ancaire (m)
and	agus
animal	ainmhí (m)
ankle	murnán
answer the telephone, to	glaoch a fhreagairt
answering	ag freagairt
apple	úll (m)
apple tree	crann (m) úll
apricot	aibreog (f)
April	Aibreán (m)
architect	ailtire (m)
area code	códuimhir (f)
arm	géag (f)
armchair	cathaoir (f) uilleann
Arrivals	Halla (m) Teachta
art gallery	dánlann (f)
article (in a newspaper)	alt (m)
asking	ag fiafraí
asking a question	ag cur ceiste
asking the way	ag fiafraí eolas an bhealaigh
asleep	ina c(h)odladh
falling asleep	ag titim ina c(h)odladh
at the seaside	cois trá
athletics	lúthchleasaíocht
Atlantic Ocean	An tAigéan (m) Atlantach
attic	áiléar (m)
audience	lucht (m) féachana
August	Lúnasa (m)
aunt	aintín (f)
Australia	An Astráil (f)

autumn	fómhar (m)
awake	ina d(h)úiseacht
away from	ó

B

baby	leanbh (m), naíonán (m)
new-born babe	naíonán (m) nuabheirthe
back	droim (m)
backstroke	snámh (m) droma
backwards	ar gcúl
bait	baoite (m)
baker's shop	siopa (m) báicéara
balcony	balcóin (f)
bald	maol
to be bald	a bheith maol
ball	liathróid (f)
ballet	bailé (m)
ballet dancer	rinceoir (m) bailé
balloon	balún (m)
banana	banana (m)
bandage	bindealán (m)
bank	banc (m)
bank manager	bainisteoir (m) bainc
bank (river)	bruach (m)
barefoot	cosnochta
bargain, a	margadh (m)
barking	ag tafann
barn	scioból (m)
barrier	geata (m) na dticéad
basement	urlár (m) faoi thalamh
basket	ciseán (m)
bath	folcadán (m)
having a bath	ag glacadh folcaidh
running the bath	ag lionadh an fholcadáin
bathmat	mata folcadáin
bathrobe	fallaing (f) fholctha
bathroom	seomra (m) folctha
be, to	a bheith
to be born	ag teacht ar an saol
to be called, named	... atá air (uirthi)
to be fit	a bheith folláin
to be fond of	a bheith ceanúil ar ...
to be frozen	siochta le fuacht
to be happy	a bheith sona
to be hungry	a bheith ocrach
to be late	a bheith déanach
to be in/on time	a bheith in am
to be seasick	tinneas (m) farraige a bheith ar ...
to be sick	a bheith tinn
to be sleepy	a bheith codlatach
to be thirsty	a bheith tartmhar
beach	trá (f)
beak	gob (m)

beans	pónairí (f)
beard	féasóg (f)
to have a beard	féasóg a bheith ar ...
beautiful	álainn
bed	leapa (f)
going to bed	ag dul a luí
bedroom	seomra (m) leapa
bedside table	taisceadán
bedspread	scaraoid (f) leapa
bedtime	am (m) codlata
bee	beach (f)
beer	beoir (f)
behind	taobh (m) thiar
Belgium	An Bheilg (f)
bell	clog (m)
doorbell	cloigín (m) dorais
belonging to	is le ...
belt	crios (m)
safety/seat belt	crios sábhála
bench	binse (m)
beside	in aice
better	níos fearr
between	idir
Beware of the Dog!	Fainic thú féin ar an mhadra!
bicycle	rothar (m)
big	mór
bill	bille (m)
bin	bosca (m) broscair
biology	bitheolaíocht (f)
bird	éan (m)
birth	breith (f)
birthday	lá (m) breithe
Happy birthday!	Breithlá (m) sona
birthday card	cárta (m) breithlae
biscuit	briosca (m)
bitter	searbh
black	dubh
blackbird	lon (m) dubh
blackboard	clár (m) dubh
block of flats	bloc (m) arasán
blond, fair	fionn
blond hair	gruaig (f) fhionn
blouse	blús (m)
blue	gorm
board game	cluiche (m) boird
boarding (a ship/plane)	dul ar bord
boarding (a bus/train)	ag dul ar ...
boarding house	teach (m) lóistín
boat	bád (m)
to travel by boat	ag taisteal i mbád
body	corp (m)
bonnet (of car)	boinéad (m)
book	leabhar (m)
picture book	leabhar pictiúr
booked up, fully booked	seomraí uile in áirithe

bookshop	siopa (m) leabhar
book shop and stationer's	siopa leabhar agus páipéar
boot (of car)	cófra (m) bagáiste
boots	buataisí (f)
wellington boots	buataisí (f) rubair
boring	leamh
boss	maor (m)
bottle	buidéal (m)
bouquet	crobhaing (f)
boutique	siopa éadaí
bowl	babhla (m)
box office	oifig (f) ticéad
boy	buachaill (m)
bra	cíochbheart (m)
bracelet	bráisleád (m)
branch	géag (f)
brave	misniúil
Bravo!	Mo cheol thú!
bread	arán (m)
break	bris
to break your leg	do chos a bhriseadh
break (at school/work)	sos (m)
breakdown, a	cliseadh (m)
breaking	ag briseadh
breakfast	bricfeasta (m)
breaststroke	bang (m) brollaigh
bride	brídeach (f)
bridegroom	fear (m) nuaphósta
bridge	droichead (m)
bright	geal
bring	beir
bringing up	ag togáil
broad	leathan
brooch	bróiste (m)
brother	deartháir (m)
brown	donn
brown hair	gruaig (f) dhonn
bruise	brú (m) craicinn
brush	scuab (f)
toothbrush	scuab fiacal
brushing your hair	ag scuabadh do chuid gruaige
Brussels sprout	baclóg (f) Bhruiséile
bucket	buicéad (m)
buffet car	cóiste (m) bia
builder	tógálaí (m)
building	foirgneamh (m)
bulb (plant)	bleibín (m)
bunch of flowers	coróg (f) bhláthanna
burn	dó (m)
bursting out laughing	ag scairteadh gáire
bus	bus (m)
bus stop	stad (m) bus
bush	tor (m)
busy	gnóthach
bustling	fuadrach
butcher's shop, the	siopa an bhúistéara

butter	**im (m)**	catching a fish	**ag breith ar iasc**
buttercup	**cam (m) an ime**	catching a train	**ag breith ar thraein**
butterfly	**féileacán (m)**	cathedral	**ardeaglais (f)**
button	**cnaipe (m)**	cauliflower	**cóilís (f)**
buying	**ag ceannach**	celebrating	**ag ceiliúradh**
by return of post	**le casadh an phoist**	cellar	**urlár faoi thalamh**
		cello	**dordveidhil (f)**
C		playing the cello	**ag seinm an dordveidhil**
		cemetery	**reilig (f)**
cabbage	**cabáiste (m)**	centimetre	**ceintiméadar (m)**
cabin	**cabán (m)**	centre (politics)	**lár (m)**
cage	**cás (m)**	chair	**cathaoir (f)**
cake	**císte (m)**	chairlift	**cathaoir iompair**
cake shop	**siopa cístí**	chalk	**cailc (f)**
calculating	**ag ríomhaireacht**	change (in money)	**briseadh (m)**
calculator	**áireamhán (m)**	Have you any small	**An bhfuil briseadh**
calendar	**féilire (m)**	change?	**agat?**
calf	**lao (m)**	changing money	**ag malartú airgid**
camel	**camall (m)**	channel (TV and	**bealach (m)**
camera	**ceamara (m)**	radio)	
camping	**campáil**	chasing	**ag dul sa tóir ar**
to go camping	**ag dul ag campáil**	chatting	**ag déanamh comhrá**
campsite	**láthair (f) campála**	check-in	**deasc (m) cláraithe**
Can I help you?	**An féidir liom cabhrú leat?**	cheek	**leiceann (m)**
		cheerful	**croíúil**
Canada	**Ceanada (f)**	cheese	**cáis (f)**
canary	**canáraí (m)**	checkout	**deasc airgid**
candle	**coinneal (f)**	chemist	**poitigéir (m)**
canoe	**curachán (m)**	chemist shop	**siopa poitigéara**
cap	**caipín (m)**	chemistry	**ceimic (f)**
capital letter	**ceannlitir (f)**	cheque	**seic (m)**
capsizing	**ag iompú béal faoi**	to write a cheque	**seic a scríobh**
captain	**captaen (m)**	cheque-book	**seicleabhar (m)**
car	**carr (m)**	cherry	**silín (m)**
car park	**carrchlós (m)**	chess	**ficheall (f)**
caravan	**carbhán (m)**	playing chess	**ag imirt fichille**
card	**cárta (m)**	chest	**cliabh (m)**
credit card	**cárta creidmheasa**	chick peas	**piseánaigh (m)**
playing cards	**ag imirt cártaí**	chicken	**sicín (m)**
postcard	**cárta poist**	child	**páiste (m)**
cardigan	**cairdeagan (m)**	childhood	**óige (f)**
careful	**aireach**	chimney	**simléar (m)**
careless	**míchúramach**	chin	**smig (f)**
caretaker	**airíoch (m)**	China	**An tSín (f)**
cargo	**lasta (m)**	chocolate	**seacláid (f)**
carpet	**cairpéad (m)**	choir	**cór (m)**
carriage	**carráiste (m)**	Christmas	**Nollaig (f)**
carrier-bag	**mála (m)**	Happy Christmas	**Nollaig Shona**
carrot	**cairéad (m)**	Christmas carol	**carúl (m) Nollag**
carrying	**ag iompar**	Christmas Day	**Lá (m) Nollag**
cashier	**airgeadóir (m)**	Christmas Eve	**Oíche (f) Nollag**
cassette	**caiséad (m)**	Christmas tree	**crann (m) Nollag**
cassette recorder	**taifeadán caiséid**	chrysanthemum	**criosantamam (m)**
casualty department	**roinn (f) taismigh**	church	**séipéal (m)**
cat	**cat (m)**	cinema	**pictiúrlann (f)**
catching	**ag breith ar ...**	a visit to the cinema	**cuairt (f) ar an phictiúrlann**

circle	ciorcal (m)	counter	cuntar (m)
city	cathair (f)	country	tír (f)
clapping	ag bualadh bos	countryside	taobh tíre
classroom	seomra ranga	course	cúrsa (m)
claw	crúb (f)	cousin	col ceathar (m)
clean	glan	cow	bó (f)
cleaning	ag glanadh	cowshed	bótheach (m)
cleaning your teeth	ag ní d'fhiacla	crab	portán (m)
climate	aeráid (f)	crawl (swimming)	crágshnámh (m)
climber	dreapadóir (m)	crayon	crián (m)
climbing	ag dreapadh	cream	uachtar (m)
climbing a mountain	ag sléibhteoireacht	credit card	cárta creidmheasa
climbing a tree	ag dreapadh crainn	crew	criú (m)
cloakroom	seomra cótaí	cross, angry	crosta
clock	clog (m)	crossing (sea)	turas (m) trasna
alarm clock	clog aláraim	crossing the street	ag trasnú na sráide
closing	ag dúnadh	crowd	slua (f)
clothes	éadaí (m)	crying	ag gol
clothes' line	líne (f) éadaigh	cup	cupán (m)
clothes' peg	pionna (m) éadaigh	cupboard	cófra (m)
cloud	scamall (m)	curing	leigheas (m)
coach	cóiste (m)	curly	catach
coat	cóta (m)	curly hair	gruaig (f) chatach
cock	coileach (m)	curtain	cuirtín (m)
cod	trosc (m)	customer	custaiméir (m)
coffee-pot	caiféphota (m)	customs	custam (m)
coin	píosa (m) airgid	customs' officer	oifigeach (m) custaim
cold	fuar	cut, wound	gearradh (m)
It's cold.	Tá sé fuar.	cycling	ag rothaíocht
to have a cold	slaghdán a bheith ar ...		

D

cold water	uisce (m) fuar	daffodil	lus (m) an chromchinn
collecting	ag bailiú	daisy	nóinín (m)
collecting stamps	ag bailiú stampaí	dance	rince (m)
collection	bailiúchán (m)	dance floor	urlár (m) rince
collection time (post)	am bailithe	dancing	ag rince
collision	iombhualadh (m)	dark (colour)	dorcha
colour	dath (m)	dark (complexion)	dúchraicneach
comb	cíor (f)	It is dark.	Tá sé dorcha.
combing your hair	ag cíoradh do chuid ghruaige	It is getting dark.	Tá sé ag éirí dorcha.
		date	dáta (m)
comic (book)	leabhar grinn	daughter	iníon (f)
complexion	craiceann (m)	only daughter	iníon aonair
computer	ríomhaire (m)	dawn	breacadh (m) an lae
conductor (of orchestra)	stiúrthóir (m)	day	lá (m)
		the day after tomorrow	an lá arú amárach
cone	cón (m)	the day before yesterday	an lá arú inné
congratulating	ag déanamh comhghairdis	Dear ...	A ...
continent	mór-roinn (f)	Dear Sir/Madam,	A chara,
cooking	ag cócaireacht	death	bás (m)
corner	cúinne (m)	December	mí (f) na Nollag
cost	costas (m)	deck	deic (f)
It costs ...	Cosnaíonn sé ...	deep	domhain
cot	cliabhán (m)	delicatessen	delicatessen
cottage	teachín (m)		
cotton	cadás (m)		
made of cotton	déanta de chadás		

delicious	blasta
delivering	ag seachadadh
democratic	daonlathach
dentist	fiaclóir (m)
department (in shop)	roinn (f)
department store	siopa ilranna
Departures	Halla (m) Imeachta
desert	gaineamhlach (m)
designer	dearthóir (m)
dessert, pudding	milseog (f)
dialing	ag diailiú
die, to	bás a fháil
different	éagsúil
difficult	deacair
digging	ag rómhar
dining room	seomra (m) bia
dirty	salach
disc jockey	ceirneoir (m)
district	ceantar (m)
dividing	ag roinnt
divided by (maths)	roinnte ar
diving	ag tumadh
diving board	clár (m) tumtha
doing	ag déanamh
docks	dugaí (m)
doctor	dochtúir (m)
dog	madra (m)
donkey	asal (m)
door	doras (m)
front door	doras tosaigh
doorbell	cloigín (m) dorais
doormat	mata (m) tairsí
double room	seomra (m) beirte
doughnut	taoschnó (m)
down	síos
downstairs	thíos staighre
going downstairs	ag sul síos an staighre
dragonfly	snáthaid (f) mhór
draughts (game)	táiplis (f)
playing draughts	ag imirt táiplise
dream	brionglóid (f)
dress	gúna (f)
dressing	ag gléasadh
dressing gown	fallaing (f) sheomra
drinking	ag ól
driver	tiománaí (m)
driving	ag tiomáint
dropping from	ag titim ó ...
drum	druma (m)
playing the drums	ag bualadh na ndrumaí
drying	ag triomú
drying your hair	ag triomú do chuid gruaige
duck	lacha (f)
dull	neamhlonrach
dungarees	dungaraí (m)
dustman	fear (m) bruscair
duty-free shop	siopa saor ó dhleacht
duvet	cuilt (f)

E

eagle	iolar (m)
ear	cluas (f)
earrings	fáinní (m) cluaise
east	oirthear (m)
Easter	Cáisc (f)
eating	ag ithe
to have eaten well	tar éis béile (m) maith a ithe
egg	ubh (f)
eight	ocht
8 in the morning, 8 a.m.	a hocht a chlog ar maidin
8 in the evening, 8 p.m.	a hocht a chlog um thráthnóna
eighteen	ocht déag
eighty	ochtó
elastic	leaisteach (f)
elbow	uillinn (f)
election	toghchán (m)
electricity	leictreachas (m)
elephant	eilifint (f)
eleven	aon déag (f)
emergency, catastrophe	éigeandáil (f)
employee	fostaí (m)
employ someone, to	duine (m) a fhostú
empty	folamh
emptying	ag folmhú
engagement	geallúint (f) pósta
engine (train)	inneall (m)
English (language, subject)	Béarla (m)
Enjoy your meal!	Bain taitneamh as do bhéile!
enjoying	ag baint taitnimh as ...
enormous	ollmhór
entrance	bealach (m) isteach
No Entry (road sign)	Ná Téitear Isteach
envelope	clúdach (m) litreach
Equator	Meánchiorcal (m)
escalator	staighre (m) beo
Europe	An Eoraip
evening	tráthnóna
this evening	tráthnóna inniu
8 in the evening, 8 p.m.	a hocht a chlog um thráthnóna
exam	scrúdú (m)
fail (in an exam)	teip (f)
pass (in an exam)	pas (m)
sitting an exam	ag dul faoi scrúdú
exchange rate	ráta (m) malairte
exercise book	cóipleabhar (m)
exercising	ag aclaíocht
exhibition	taispeántas (m)
exit	bealach (m) amach
expensive	daor
It's expensive.	Tá sé daor.
eye	súil (f)

F

fabric	éadach (m)
face	aghaidh (f)
factory	monarcha (f)
fail (an exam)	teip (f)
fainting	ag titim i laige
fair hair	gruaig (f) fhionn
falling asleep	at titim ina c(h)odladh
false	bréagach
family	clann (f)
famous	cáiliúil
far away from	i bhfad ó
going far away from	ag dul i bhfad ó
fare	táille (f)
farm	feirm (f)
farmer	feirmeoir (m)
farmhouse	teach (m) feirme
farmyard	clós (m) feirme
fashionable	faiseanta
fast	tapaidh
Fasten your seat belts!	Greamaigí bhur gcriosanna!
fat	ramhar
father	athair (m)
feather	cleite (m)
February	Feabhra (f)
feeding	ag cothú
feel	mothú
to feel better	biseach a bheith ar ...
feeling	ag mothú
feeling sick	ag mothú tinn
feeling well	a bheith ar fónamh
ferry	bád (m) farantóireachta
fetching	ag fáil
field	páirc (f)
fifteen	cúig déag
fifth, the	an cúigiú
fifty	caoga
filling	ag líonadh
filling up with petrol	ag líonadh le peitreal (m)
filling (a tooth)	líonadh (m) i bhfiacail
film (for camera/cinema)	scannán (m)
fine	go breá
It's fine.	Tá sé go breá.
finger	méar (f)
fir tree	crann (m) giúise
fire	tine (f)
fire (emergency)	dóiteán (m)
fire engine	inneal (m) dóiteáin
fireman	fear (m) dóiteáin
fireplace	teallach (m)
fire station	stáisiún (m) dóiteáin
firing someone	ag briseadh duine as a p(h)ost

first, the	an chéad
first class	den chéad ghrád
first floor	an chéad urlár
first name	ainm (m) baiste
fish	iasc (m)
fishing	ag iascaireacht
going fishing	ag dul ag iascaireacht
fishing boat	bád (m) iascaigh
fishmonger	ceannaí (m) éisc
fitness	folláine (f) coirp
fitted carpet	cairpéad (m)
five	cúig
five past 10	cúig tar éis a deich
flag	brat (m)
flannel	flainín (m)
flat	árasán (m)
block of flats	bloc (m) árasán
flat tyre, a	bonn (m) ligthe
flavour, taste	blas (m)
floating	ar snámh
flock	tréad (m)
flood	tuile (f)
floor	urlár (m)
ground floor	urlár talún
second floor	an dara hurlár
florist	bláthadóir (m)
flour	plúr (m)
flower	bláth (m)
a bunch of flowers	crobhaing (f)
flowerbed	bláthcheapach
flowered (pattern)	bláthbhreac
fly	cuileog (f)
flying	ag eitilt
fog	ceo (m)
It's foggy.	Tá sé ceomhar.
followers, following	lucht (m) leanúna ag leanúint
fond of, to be	a bheith ceanúil ar
foot	cos (f)
foot (measure)	troigh (f)
football (ball)	liathróid (f)
playing football	ag imirt peile
forget-me-not	lus (m) míonla
fork (eating)	forc (m)
fork (for gardening)	forc gairdín
form	foirm (f)
forty	daichead
forwards	chun tosaigh
foundation cream	bunungadh (m)
four	ceathair
fourth, the	an ceathrú
fourteen	ceathair déag
fox	sionnach (m)
fraction	codán (m)
France	An Fhrainc (f)
freckles	bricneach (f)
French (language subject)	Fraincis (f)

fresh	**úr**	girl	**cailín (m)**
Friday	**An Aoine (f)**	giving	**ag tabhairt**
fridge	**cuisneoir (m)**	giving a present	**ag tabhairt**
friend	**cara (m)**		**bronntanais (m)**
friendly	**cairdiúil**	glass	**gloine (f)**
frightened	**scanraithe**	glasses, spectacles	**spéaclaí**
fringe	**frainse (m)**	sunglasses	**spéaclaí gréine**
frog	**frog (m)**	wearing glasses	**ag caitheamh spéaclaí**
front door	**doras tosaigh**	gloves	**lámhainní (f)**
frost	**sioc (m)**	goal	**cúl (m)**
frown	**grainc (f)**	goalkeeper	**cúl báire**
frozen	**reoite**	goat	**gabhar (m)**
frozen food	**earraí (m) reoite**	going	**ag dul**
fruit	**torthaí (m)**	going downstairs	**ag dul síos an staighre**
fruit juice	**sú (m) torthaí**	going fishing	**ag dul ag iascaireacht**
full	**lán**	going for a walk	**ag dul ag siúl**
full stop	**lánstad**	going mountaineering	**ag dul ag**
fully booked, rooms	**seomraí uile in áirithe**		**sléibhteoireacht**
fun, having	**ag déanamh spraoi**	going on holiday	**ag dul ar saoire**
funeral	**sochraid (f)**	going on the bus	**ag dul ar an mbus**
funnel (of ship)	**simléar (m) loinge**	going to bed	**ag dul a luí**
funny	**greannmhar**	going to the cinema	**ag dul go dtí an**
fur	**fionnadh (m)**		**phictiúrlann**
furniture	**troscán (m)**	going to work	**ag dul ag obair**
future	**todhchaí (f)**	going upstairs	**ag dul suas an staighre**
in the future	**san am atá le teacht**	going window	**ag dul ag féachaint is-**
		shopping	**teach sna fuinneoga**
		gold	**ór (m)**
G		made of gold	**déanta d'ór**
		goldfish	**iasc (m) órga**
		golf	**galf (m)**
Galaxy, The	**Bealach (m) na Bó**	golf club	**cumann (m) gailf**
	Finne	playing golf	**ag imirt gailf**
gallery, art	**dánlann (f)**	good	**maith**
game	**cluiche (m)**	It's good value.	**Is fiú go maith é.**
gangway	**clord (m)**	It tastes good.	**Tá sé blasta.**
garage	**garáiste (m)**	Good luck!	**Ádh mór ort!**
garden	**gairdín (m)**	Good morning.	**Dia duit ar maidin.**
gardener	**garraíodóir (m)**	Goodbye.	**Slán leat.**
gardening	**ag garraíodóireacht**	Good-night.	**Oíche (m) mhaith**
garden shed	**both (f) ghairdín**	goods train	**traein (f) earraí**
garlic	**gairleog (f)**	goose	**gé (f)**
gas	**gás (m)**	gorilla	**goraille (f)**
gate	**geata (m)**	government	**rialtas (m)**
gathering speed	**ag luasghéarú**	grammar	**gramadach (f)**
geography	**tíreolaíocht (f)**	granddaughter	**gariníon (f)**
geranium	**geiréiniam (m)**	grandfather	**seanathair (m)**
German	**Gearmáinis (f)**	grandmother	**seanmháthair (f)**
(language/subject)		grandson	**garmhac (m)**
Germany	**An Ghearmáin (f)**	grape	**caor (f) fhíniúna**
getting	**ag fáil**	grass	**féar (m)**
getting dressed	**ag gléasadh**	Great Britain	**An Bhreatain Mhór (f)**
getting married	**ag pósadh**	green	**uaine**
getting off (a train/bus)	**ag tuirlingt de**	greenhouse	**teach (m) gloine**
getting on	**ag dul ar**	grey	**liath**
getting undressed	**ag baint a c(h)uid**	grocery shop	**siopa (m) grósaera**
	éadaí de (di)	ground floor	**urlár (m) talún**
getting up	**ag éirí**	growling	**ag drannadh**
giraffe	**sioraf (m)**		

guard	garda (m)
guest	aoi (m)
guest house, boarding house	teach lóistín
guinea pig	muc (f) ghuine
guitar	giotár (m)
playing the guitar	ag seinm ar an ngiotár
gymnastics	gleacaíocht (f)

H

hail	clocha (f) sneachta
hailing a taxi	ag glaoch ar thacsaí
hair	gruaig (f)
hairdresser	gruagaire (m)
hair-drier	triomadóir (m) gruaige
hake	colmóir (m)
half, a	leath (f)
half a kilo	leathchileagram (m)
half a litre	leathlíotar (m)
half past 10	leathuair (f) tar éis a deich
ham	liamhás (m)
hammer	casúr (m)
hamster	hamstar (m)
hand	lámh (f)
handbag	mála (m) láimhe
hand luggage	bagáiste (m) láimhe
handshake	croitheadh (m) láimhe
handsome	dathúil
to hang on to ...	greim (m) a choinneáil ar ...
to hang up ... (telephone)	an glacadán (m) a chur síos
happy	sona
to be happy	a bheith sona
Happy Birthday!	Breithlá (m) Sona!
Happy New Year!	Athbhliain (f) faoi mhaise!
hard	crua
hard-working	dícheallach
harvesting	ag baint an fhómhair
Have you any small change?	An bhfuil briseadh agat?
have a bath, to	ag glacadh folcaidh
have a cold, to	slaghdán a bheith ar ...
have hair colour, to	gruaig dhaite a bheith ag ...
have a filling, to	líonadh i bhfiacail
have a flat tyre, to	bonn ligthe a bheith ag ...
have fun, to	ag déanamh spraoi
have a headache, to	tinneas cinn a bheith ar ...

have a stomach ache, to	tinneas goile a bheith ar
have a temperature, to	fiabhras a bheith ar ...
have a toothache, to	tinneas fiacaile a bheith ar ...
Having a lovely time	Tá an-saol againn.
hay	féar (m)
haystack	cruach (f) fhéir
head	ceann (m)
headache	tinneas (m) cinn
headband	bindealán (m) cinn
headlight	ceannsolas (m)
headline	ceannlíne (m)
headmaster	príomhoide (m)
headmistress	ardmháistreás (f)
headphone	cluasán (m)
healthy	sláintiúil
heat	teas (m)
heavy	trom
to be heavy	a bheith trom
hedgehog	gráinneog (f)
heel	sáil (f)
height	airde (f)
Hello	Dia duit
helping	ag cabhrú
Help yourself!	Tarraing ort!
Can I help you?	An féidir liom cabhrú leat?
hen	cearc (f)
henhouse	cró (m) cearc
herbs	luibheanna (f)
hero	laoch (m)
heroine	banlaoch (m)
hiding	i bhfolach
hill	cnoc (m)
hippopotamus	dobhareach (m)
His/her name is ...	... is ainm dó/di.
history	stair (f)
hold (ship's)	broinn (f) loinge
holding on to	ag coinneáil greim ar ...
holiday	lá (m) saoire
going on holidays	ag dul ar saoire
hook (for fishing)	duán (m)
honey	mil (f)
honeymoon	mí (f) na meala
horn	adharc (f)
horse	capall (m)
horse racing	rásaíocht (f) chapall
hospital	ospidéal (m)
hot	te
I'm hot.	Tá mé te.
hotel	óstán (m)
staying in a hotel	ag fanacht in óstán
hot water	uisce (m) te
hour	uair (f)
house	teach (m)

How are you?	Conas tá tú?	It's expensive.	Tá sé daor.
How far is it?	Cá fhad é?	It's fine.	Tá sé go breá.
How much?	Cé mhéad?	It's foggy.	Tá ceo ann.
How much do I owe	Cé mhéad atá agat	It's good value.	Is fiú go maith é.
you?	orm?	It's raining.	Tá sé ag cur báistí.
How much is it?	Cé mhéad atá air?	It's ready (a meal).	Tá sé réidh.
How old are you?	Cén aois thú?	It's snowing.	Tá sé ag cur sneachta.
hump	cruit (f)	It's windy	Tá sé gaofar.
hundred, a	céad	It was lovely to hear	B'aoibhinn liom
hunger	ocras (m)	from you.	cloisteáil uait.
hungry	ocrach	Italy	An Iodáil (f)
hurrying	ag brostú		
husband	fear céile		

I

		J	
I agree	aontaím	jacket	seaicéad (m)
I am sending ...	Táim ag seoladh ...	jam	subh (f)
separately.	ar leith.	January	Eanáir (m)
I'll call you back.	Glaofaidh mé ar ais	Japan	An tSeapáin (f)
	ort.	jeans	brístí (m) géine
I would like ...	Ba mhaith liom ...	jewellery	seodra (m)
I'm twenty.	Táim fiche bliain	job, profession	gairm (f) bheatha
	d'aois.	jog, to	ar bogshodar
ice-cream	uachtar (m) reoite	joining (to join)	ag ceangal
icicle	birín (m) seacha	journalist	iriseoir (m)
ill	tinn	judge	breitheamh (m)
feeling ill	ag mothú tinn	juice	sú (m)
important	tábhachtach	fruit juice	sú torthaí
in	i (sa)	jug	crúiscín (m)
in (for sports)	istigh	July	Iúil (m)
in focus	i bhfócas	jumper	geansaí (m)
in front of	os comhair	June	Meitheamh (m)
India	An India (f)	jungle	dufair (f)
indicator	táscaire (m)		
ingredient	comhábhar (m)	**K**	
injection	instealladh (m)	kangaroo	cangarú (m)
instrument (music)	gléas (m) ceoil	keeping an eye on ...	súil a choinneáil ar ...
inter-city train	traein (f) idirchathrach	kennel	conchró (m)
interesting	suimiúil	keyboard	luibheanchlár (m)
interview	agallamh (m)	kidney beans	pónairí (f) duánacha
in the future	san am atá le teacht	kilo	cileagram (m)
into	isteach i	A kilo of ...	Cileagram de ...
introducing	ag cur in aithne	Half a kilo of ...	Leathchileagram de ...
invite, to	cuireadh a thabhairt	kissing	ag pógadh
	do ...	kitchen	cistin (f)
ironing	ag iarnáil	kitten	piscín (m)
Is service included?	An bhfuil an freastal	knee	glúin (f)
	san áireamh?	kneeling down	ag dul ar a g(h)lúine
It costs ...	Cosnaíonn sé ...	to be kneeling	ar a g(h)lúine
It is getting light.	Tá sé ag éirí geal.	knickers	brístín (m)
It is light.	Tá sé ina lá.	knife	scian (f)
It is 1 o'clock.	Tá sé a haon a chlog.	knitting	ag cniotáil
It is 3 o'clock.	Tá sé a trí a chlog.	knitting needles	bioráin (m) chniotála
It's ...	Is/Tá ...	knocking over	ag iompú
It's cold.	Tá sé fuar.		

L

label	lipéad (m)
labourer, worker	oibrí (m)
ladder	dréimire (m)
lake	loch (m)
lamb	uan (m)
lamp	lampa (m)
landing	ag tuirlingt
landlady	bean (f) tí
landlord	fear tí
landscape	radharc (m) tíre
large (clothes size)	mór
last	deireannach
late	déanach
to be late	a bheith déanach
laughing	ag gáire
bursting out laughing	ag scairteadh gáire
lawn	faiche (f)
lawnmower	lomaire (m) faiche
lawyer	dlíodóir (m)
laying eggs	ag breith uibheacha
laying the table	ag leagan an bhoird
lazy	leisciúil
leader	ceannaire (m)
leaf	duilleog (f)
lean on, to	droim a chur le balla
learning	ag foghlaim
left luggage office	oifig (f) bagáiste
left, left side	clé, taobh clé
on the left	ar clé
left wing, the left	eite (f) chlé
leg	cos (f)
leg of lamb	ceathrú (f) uaineola
lemon	líomóid (f)
length	fad (m)
lesson	ceacht (m)
letter	litir (f)
letter (of alphabet)	litir
letter box	bosca (m) litreacha
lettuce	leitís (f)
library	leabharlann (f)
life	beatha (f)
lifeguard	fear/bean tarrthála
lift	ardaitheoir (m)
light (weight)	éadrom
to be light	a bheith éadrom
light	solas (m)
It is light.	Tá sé ina lá.
It is getting light.	Tá sé ag éirí geal.
lightning	tintreach (f)
liner	línéar (m)
lion	leon (m)
lip	liopa (m)
lipstick	béaldath (m)
list	liosta (m)
to make a list	liosta a dhéanamh

listening	ag éisteacht
listening to music	ag éisteacht le ceol
listening to the radio	ag éisteacht leis an raidió
litre	líotar (m)
half a litre	leathlíotar (m)
litter bin	bosca (m) bruscair
lively	anamúil
living	ina c(h)ónaí
living in a house	ina c(h)ónaí i dteach
living room	seomra teaghlaigh
loading	ag luchtú
long	fada
looking at	ag féachaint ar
looking for	ag cuardach
loose (not tight)	scaoilte
lorry	leoraí (m)
lorry driver	tiománaí (m) leoraí
loudspeaker	callaire (m)
Love from ... (end of letter)	Do cara buan ...
love, to	grá a thabhairt do
lovely, beautiful	álainn
luck	ádh
Good luck!	Ádh mór ort!
luggage-rack	raca (m) bagáiste
lullaby	suantraí (f)
lunch	lón (m)
lunch hour	am (m) lóin
lying down	ag síneadh
to be lying down	ina luí

M

made of metal	déanta de mhiotal
made of plastic	déanta de phlaisteach
magazine	iris (f)
mail	post (m)
airmail	aerphost (m)
main course	an príomhchúrsa (m)
main road	príomhbhóthar (m)
making	ag déanamh
make a list, to	liosta a dhéanamh
make a telephone call, to	glaoch teileafóin a chur ar ...
to dial the number	an uimhir a dhiailiú
make-up	smideadh (m)
putting on make-up	ag cur smididh ....
making, manufacturing	ag déanamh
man	fear (m)
map	léarscáil (f)
March	Márta (m)
margarine	margairín (m)
market	margadh (m)
street market	margadh sráide
market stall	stainnín (m) margaidh
marriage	pósadh (m)
married	pósta

marrying	ag pósadh	moustache	croiméal (m)
mascara	mascára (m)	to have a	croiméal a bheith ag
maths	matamaitic (f)	moustache	
May	Bealtaine (f)	mouth	béal (m)
meadow	móinéar (m)	moving in	ag aistriú go
measuring	tomhas (m)	moving out	ag aistriú ó
meat	feoil (f)	mowing the lawn	ag lomadh na faiche
mechanic	meicneoir (m)	multiplying	ag méadú
media, the	na meáin (m)	music	ceol (m)
	chumarsáide	classical music	ceol clasaiceach
medium (clothes size)	meánach	pop music	popcheol (m)
meeting	ag bualadh le ...	musician	ceoltóir (m)
melon	mealbhacán (m)	mustard	mustard (m)
member	ball (m)	My name is ...	... is ainm dom.
member of parliament	Teachta (m) Dála		
mending	ag deisiú		
menu	biachlár (m)	**N**	
metal	miotal (m)		
made of metal	déanta de mhiotal	naked	nocht
metre	méadar (m)	name	aimn (m)
miaowing	ag meamhlach	first name	ainm baiste
midday	meán (m) lae	surname	sloinne (m)
midnight	meán oíche	His name is ...	... is ainm dó.
milk	bainne (m)	My name is ...	... is ainm dom.
milking	ag crú na mbó	What's your name?	Céard is ainm duit?
milking machine	inneall (m) crúite	napkin	naipcín (m)
Milky Way, The	Bealach na Bó Finne	narrow	cúng
million, a	milliún (m)	naughty	dána
mineral waters	uiscí mianra	navy blue	dúghorm
minus	lúide	near	i ngar
minute	nóiméad (m)	neck	muinéal (m)
mirror	scáthán (m)	necklace	muince (f)
miserable	ainnis	needle	snáthaid (f)
miss the train, to	an traein imithe ar	needlecraft shop	siopa obair fhuála
mixing	ag meascadh	neighbour	comharsa (f)
model	mainicín (m)	nephew	nia (m)
mole	caochán (m)	nest	nead (f)
Monday	An Luan (m)	net (tennis/fishing)	líon (m)
money	airgead (m)	Netherlands	An Ísiltír (f)
to change money	airgead a mhalartú	new	nua
to put money in the	airgead a chur sa	New Year's Day	Lá (m) Coille
bank	bhanc	New Year's Eve	Oíche (f) Chinn
to take money out	airgead a tharraingt as		Bhliana
of the bank	an mbanc	Happy New Year!	Athbhliain (f) faoi
monkey	moncaí (m)		mhaise!
month	mí (f)	New Zealand	An Nua-Shéalainn (f)
moon	gealach (f)	news	nuacht (f)
morning	maidin (f)	newspaper	nuachtán (m)
8 in the morning,	a hocht a chlog ar	newspaper stand	seastán (m) nuachtán
8 a.m.	maidin	next day, the	an lá ina dhiaidh sin
this morning	maidin inniu	next Monday	An Luan seo chugainn
mosquito	corrmhíol (m)	next week	an tseachtain seo
mother	máthair (f)		chugainn
motor racing	rásaíocht (f) charr	nice	deas
motorbike	gluaisrothar (m)	niece	neacht (f)
motorway	mótarbhealach (m)	night	oíche (f)
mountain	sliabh (m)	nightclub	club (m) oíche
mountaineering	ag sléibhteoireacht	nightdress	gúna (m) oíche
mouse	luch (f)	nine	naoi
		999 call	glaoch (m) éigeandála
		nineteen	naoi déag

ninety	nócha
no	Ní hea.
No Entry (road sign)	Ná Téitear Isteach!
No Parking	Cosc ar Pháirceáil!
No Smoking	Ná caitear Tobac!
noisy	glórach
north	tuaisceart (m)
North Pole	An Mol (m) Thuaidh
nose	srón (f)
note (money)	nóta (m) airgid
nothing	neamhní (m)
Nothing to declare.	Níl faic le hadmháil!
novel	úrscéal (m)
November	Samhain (f)
now	anois
nowadays	sa lá atá inniu ann
number plate	uimhirphláta (m)
nurse	banaltra (f)
nurse (male)	banaltra fir

O

oak tree	crann (m) darach
oar	maide (m) rámha
obedient	umhal
It is 1 o'clock.	Tá sé a haon a chlog.
It is 3 o'clock.	Ta sé a trí a chlog.
October	Deireadh (m) Fómhair
office	oifig (f)
offices, office block	bloc oifigí
oil (engine/food)	ola (f)
old	sean
old-fashioned	seanaimseartha
old age	seanaois
older than ...	níos sine ná ...
on	ar
on/in time	in am
one	aon
onion	oinniún (m)
open	oscailte
to open a letter	litir (f) a oscailt
opening	ag oscailt
opening the curtains	ag oscailt na gcuirtíní
opera	ceoldráma (m)
operating-theatre	obrádlann (f)
operation	obráid (f)
opposite	os comhair
orange (colour/fruit)	oráiste (m)
orchard	úllord (m)
orchestra	ceolfhoireann (f)
ordering	ag ordú
ostrich	ostrais (f)
out (for sports)	amuigh
out of	as
out of focus	as fócas
oven	oigheann (m)
over	thar
overtaking	ag dul thar
overtime	ragobair (f)
owl	ulchabhán (m)

P

Pacific Ocean	An Ciúin-Aigéan (m)
packet	paicéad (m)
packing	ag pacáil
paddling	ag lapadaíl
paint	péint (f)
painter	péintéir (m)
painting	ag péinteáil
painting (picture)	pictiúr (m)
pale	éadrom
paper	páipéar (m)
paperback	leabhar (m) cúl páipéir
parcel	beart (m)
parents	tuismitheoirí (m)
park	páirc (f)
park keeper	coimeádaí (m) páirce
parking	ag páirceáil
No Parking	Cosc ar Pháirceáil!
parliament	An Dáil (f)
party (celebration)	féasta (m)
party (political)	páirtí (m) polaitíochta
passenger	paisinéir (m)
passport	pas (m)
past	thart
pastry, small cake	cáca (m)
path (garden/park)	cosán (m)
patient	othar (m)
pattern	sampla (m)
pavement	cosán (m)
paw	lapa (m)
PE	corpoideachas (m)
pea	pís (f)
peaceful	suaimneach
peach	péitseog (f)
pear	piorra (m)
pedestrian	coisí (m)
pedestrian crossing	bealach (m) trasnaithe
pen	peann (m)
ball-point pen	peann gránbhiorach
pencil	peann luaidhe
pencil case	cás (m) pionsailí
penguin	piongain (f)
pepper	piobar (m)
perch, to	ar fara
performing	ag léiriú
perfume	cumhrán (m)
petrol	peitreal (m)
petrol station	stáisiún (m) peitril
filling up with petrol	ag líonadh le peitreal
petticoat, slip	peireacót (m)
photo, photograph	grianghraf (m)
to take a photograph	grianghraf a dhéanamh de
photographer	grianghrafadóir (m)
photography	grianghrafadóireacht (f)
physics	fisic (f)
piano	pianó (m)
pick up the receiver, to	an glacadán (m) a thógáil suas

picking	ag piocadh	porter	póirtéir (m)
picking up	ag piocadh suas	porthole	sliospholl (m)
picking flowers	ag cruinniú bláthanna	postal code	seoladh (m) poist
picnic	picnic (f)	post-box	bosca (m) poist
pig	muc (f)	postcard	cárta (m) poist
pigeon	colúr (m)	posting	ag postáil
pill	piolla (m)	postman	fear (m) an phoist
pillow	piliúr (m)	post office	oifig (f) an phoist
pilot	píolóta (m)	potato	práta (m)
pin	biorán (m)	pouring	ag doirteadh
pine tree	crann giúise	powerboat	bád (m) mótair
pink	bándearg	prescription	oideas (m)
pitch (for sports)	páirc (f) peile	present (now)	anois
pitch a tent, to	puball (m) a chur suas	present (gift)	bronntanas (m)
planet	pláinéad (m)	president	uachtarán (m)
plate	pláta (m)	pretty	gleoite
plaits	trilseáin (m)	price	luach (m)
planting, sowing	ag cur síolta	prime minister	taoiseach (m)
plastic	plaisteach (m)	programme	clár (m)
made of plastic	déanta de phlaisteach	pudding, dessert	milseog (f)
platform (station)	ardán (m)	puddle	locháinín (m)
platform ticket	ticéad (m) ardáin	pulling	ag tarraingt
play (theatre)	dráma (m)	pulse	cuisle (f)
player (of games)	imreoir (m)	to take someone's	cuisle duine a bhrath
playful	spórtúil	pulse	
playground	clós (m) scoile	pupil	dalta (m)
playing (children)	ag súgradh	puppy	coileán (m)
playing (an	ag seinm	purple	corcra
instrument)		purring	ag crónán
playing cards	ag imirt cártaí	purse	sparán (m)
playing chess	ag imirt fichille	push-chair	cairrín (m) páiste
playing draughts	ag imirt táiplise	pushing	ag brú
playing football	ag imirt peile	put money in the	airgead (m) a chur sa
playing golf	ag imirt gailf	bank, to	bhanc
playing squash	ag imirt scuaise	putting	ag cur
playing tennis	ag imirt leadóige	putting down	ag cur síos
playing the piano	ag seinm ar an bpianó	pyjamas	culaith (f) leapa
Please find enclosed ...	Istigh le seo		
	gheobhaidh tú ...	**Q**	
pleased with	sásta le		
ploughing	ag treabhadh	quarter, a	ceathrú (f)
plug (electric)	plocóid (f)	quarter past 10, a	ceathrú tar éis a deich
plug (bath/sink)	stopallán (m)	quarter to 10, a	ceathrú chun a deich
plum	pluma (m)	question	ceist (f)
plumber	pluiméir (m)	asking a question	ag cur ceiste
plus (maths)	móide	queuing	ag dul i scuaine
pocket	póca (m)	quiet, calm	suaimhneach
poetry	filíocht (f)		
polar bear	béar (m) bán	**R**	
police	gardaí (m)		
police car	carr (m) garda	races	rásaí (m)
policeman	garda	racing	ag rásíocht
police station	beairic (f) ghardaí	rabbit	coinín (m)
policewoman	bangharda (m)	racket	raicéad
polite	béasach	radiator	raiditheoir (m)
politics	polaitíocht (f)	radio	raidió (m)
pond	lochán (m)	railway	iarnród (m)
pool	linn (f)	rain	báisteach (f)
pork chop	gríscín (m) muiceola	rainbow	bogha (m) báistí
port	caladh (m)		

raincoat	cóta (m) báistí	rowing	ag rámhaíocht
raindrop	braon (m) báistí	rowing boat	bád (m) rámhaíochta
raining	ag cur báistí	rubber, eraser	scriosán (m)
It's raining.	Tá sé ag cur báistí.	rubbing	ag cuimilt
rake	ráca (m)	rubbing your eyes	ag cuimilt do shúile
raspberry	sú (f) chraobh	rucksack, backpack	mála (m) droma
raw	amh	rude	míbhéasach
razor	rásúr (m)	ruler	rialóir (m)
reading	ag léamh	running	ag rith
reading a book	ag léamh leabhair	running a bath	ag líonadh an
reading a story	ag léamh scéil		fholcadáin
ready	réidh	running away	ag teitheadh
It's ready (meal).	Tá sé réidh.	runway	rúidbhealach (m)
rearing	ag tógáil		
receipt	admháil (f)	**S**	
receiving	ag fáil		
receiving a present	ag fáil bronntanais	safety/seat belt	crios (m) sábhála
recipe	oideas (m)	sailor	mairnéalach (m)
record (music)	ceirnín (m)	salad	sailéad (m)
record player	seinnteoir ceirníní	salami	salami (m)
record shop	siopa (m) ceirníní	salary	turastal (m)
rectangle	dronuilleog (f)	sale (in shop)	díolachán (m)
red	dearg	salmon	bradán (m)
red, ginger	rua	sales representative	taistealaí (m) tráchtála
red hair	gruaig rua	salt	salann (m)
reed	giolcach (f)	same	céanna
referee	réiteoir (m)	the same age	ar comhaois
relative	gaol (m)	sand	gaineamh (m)
to be related to	a bheith gaolta le	sandals	cuaráin (m)
reserve a room, to	seomra a chur in	sandcastle	caisleán (m) gainimh
	áirithe	satchel	mála (m) scoile
reserve a seat, to	suíochán a chur in	Saturday	An Satharn (m)
	áirithe	saucepan	sáspan (m)
reserved seat	suíochán in áirithe	saucer	sásar (m)
restaurant	proinnteach (m)	sausage	ispín (m)
retiring	ag éirí as	saw	sábh (m)
return of post, by	le casadh an phoist	saying	ag rá
return ticket	ticéad(m) fillte	scales	meá (f)
rice	rís (f)	Scandinavia	Críoch (f) Lochlann
riding a bicycle	ag rothaíocht	scarecrow	fear (m) bréige
right side	taobh (m) deas	scarf	scairf (f)
on the right	ar dheis	scenery	radharc (m) tíre
right wing	eite (f) dheas	school	scoil (f)
ring	fáinne (m)	nursery school	naíscoil (f)
ringing	ag bualadh	primary school	bunscoil (f)
ringing the bell	ag bualadh an chloigín	secondary school	meánscoil (f)
ripe	aibí	scissors	siosúr (f)
river	abhainn (f)	scooter	scútar (f)
road	bóthar (m)	score a goal, to	cúl (m) a fháil
roaring	ag búiríl	screwdriver	scriúire (m)
rock	carraig (f)	sea	farraige (f)
roll	rolla (m)	sea bream	garbhánach (m)
roof	díon (m)	seagull	faoileán (m)
room	seomra (m)	seasickness	tinneas (m) farraige
double room	seomra beirte	to be seasick	tinneas farraige a
single room	seomra singil		bheith ar . . .
rose	rós (m)	seaside, at the	cois trá
roundabout (for	timpeallán (m)	season	séasúr (m)
children)		season ticket	ticéad (m) séasúir

seat	suíochán (m)	short	gearr
reserved seat	suíochán in áirithe	to be short	a bheith gearr
seaweed	feamainn (f)	shoulder	gualainn (f)
second (unit of time)	soicind (f)	shouting	ag glaoch
second, the	an dara	shower	cithfholcadh (m)
second class	den dara grád	having a shower	ag glacadh
second floor	an dara hurlár		cithfholcaidh
secretary	rúnaí (m)	shut	dún
See you later.	Feicfidh mé ar ball tú.	shy	cúthail
seeds	síolta (m)	sick	tinn
seeing the sights	ag breathnú na	side	taobh (m)
	n-iontas	signpost	cuaille (m) eolais
selling	ag díol	silver	airgead (m)
send a telemessage, to	teiletheachtaireacht (f)	made of silver	déanta d'airgead
	a sheoladh	singer	amhránaí (m)
sending	ag cur	singing	ag canadh
I am sending . . .	Táim ag	singing out of tune	ag canadh as tiúin
separately	seoladh . . . ar leith.	single room, a	seomra (m) singil
sending a postcard	cárta (m) poist a	sink	doirteal (m)
	sheoladh	sister	deirfiúr (f)
sentence	abairt (f)	sitting an exam	ag dul faoi scrúdú
September	Méan (m) Fómhair	sitting by the fire	ina s(h)uí in aice na
service	freastal (m)		tine
Is service included?	An bhfuil an freastal	sitting down, to be	ina s(h)uí
	san áireamh?	six	sé
Service is not	Níl an freastal san	sixteen	sé déag
included.	áireamh.	sixty	seasca
serving (a meal/sport)	ag freastal	size	méid (f)
seven	seacht	What size is this?	Cén tomhas (m) é
seventeen	seacht déag		seo?
seventy	seachtó	skis	scíonna (m)
sewing	ag fuáil	ski boots	buataisí (f) sciála
shade	scáth (m)	skiing	ag sciáil
shaking	croitheadh (m)	ski instructor	teagascóir (m) sciála
shaking hands	ag croitheadh láimhe	skilful, good with your	sciliúil
	le	hands	
shallow	éadomhain	skin	craiceann (m)
shampoo	púdar (m) foltfholctha	ski pole	maide (m) sciála
shape	cruth (m)	ski resort	ionad (m) sciála
shaver, electric	bearrthóir (m)	skirt	sciorta (m)
	leictreach	ski slope, ski run	fána (f) sciála
shaving	ag bearradh	sky	spéir (f)
shaving foam	gallúnach (f)	skyscraper	ilstórach (m)
	bhearrtha	sledge	carr (m) sleamhnáin
sheep	caora (f)	sleeping	ina c(h)odladh
sheepdog	madra (m) caorach	sleeping bag	mála (m) codlata
sheet	bráillín (f)	sleeping-car	cóiste (m) codlata
shell	sliogán (m)	sleep well	codladh (m) sámh
shellfish	iasc (m) sliogán	to be sleepy	a bheith codlatach
shining	ag soilsiú	slide	sleamhnán (m)
ship	long (f)	slim	seang
shirt	léine (f)	slippers	slipéirí (m)
shoes	bróga (f)	slipping	ag sleamhnú
tennis shoes	bróga gleacaíochta	slope	fána (f)
shops	siopaí (m)	slow	mall
shop assistant	freastalaí (m) siopa	slowing down	ag luasmhoilliú
shopkeeper	siopadóir (m)	small	beag
shopping	ag siopadóireacht	smiling	ag déanamh miongáire
shopping bag	mála (m)	smoke	deatach (m)
	siopadóireachta	snake	nathair (f)
shop window	fuinneog (f) siopa	sneeze, to	sraoth (f) a dhéanamh

snoring	**ag srannadh**	starting	**ag tosú**
snow	**sneachta (m)**	station	**stáisiún (m)**
It's snowing.	**Tá sé ag cur sneachta.**	statue	**dealbh (f)**
snowman	**fear (m) sneachta**	staying in a hotel	**ag fanacht in óstán**
soaked to the skin	**báite go craiceann**	steak	**stéig (f)**
soap	**gallúnach (f)**	stealing	**ag goid**
society	**cumann (m)**	steep	**géar**
socks	**stocaí (m)**	steering wheel	**roth (m) stiúrtha**
sofa	**tolg (m)**	sticking	**ag greamú**
soft	**bog**	sticking plaster	**plástar (m)**
soil	**cré (f)**	sting	**cealg (f)**
soldier	**saighdiúir (m)**	stomach	**bolg (m)**
sole	**bonn (m)**	to have a	**tinneas boilg a bheith**
someone	**duine (m) éicint**	stomachache	**ar . . .**
son	**mac (m)**	story	**scéal (m)**
only son	**aonmhac (m)**	straight	**díreach**
sorting out, arranging	**ag cur in ord**	straight hair	**gruaig (f) dhíreach**
soup	**anraith (m)**	going straight on	**ag dul díreach ar**
south	**deisceart (m)**		**aghaidh**
South America	**Meiriceá (m) Theas**	strawberry	**sú (f) talún**
South Pole	**An Mol (m) Theas**	stream	**sruthán (m)**
sowing	**ag cur síolta**	street	**sráid (f)**
space	**spás (m)**	street light	**solas (m) sráide**
spaceship	**spásárthach (m)**	side street	**taobhshráid (f)**
spade	**láí**	one way (street)	**aontreo**
spade (smaller/toy)	**spád (f)**	stretcher	**sínteán (m)**
spaghetti	**spaigití (m)**	stretching	**ag síneadh**
Spain	**An Spáin (f)**	striped	**stríocach**
Spanish	**Spáinnis (f)**	strong	**láidir**
(language/subject)		student	**scoláire (m)**
sparrow	**gealbhan (m)**	studying	**ag staidéar**
spelling	**litriú (m)**	subject (of study)	**ábhar (m)**
spending money	**ag caitheamh airgid**	subtracting	**dealú (m)**
spices	**spíosraí (m)**	suburb	**bruachbhaile (m)**
spider	**damhán (m) alla**	subway	**fobhealach (m)**
spinach	**spionáiste (f)**	sugar	**siúcra (m)**
splashing	**ag stealladh uisce**	suitcase	**cás (m)**
spoon	**spúnóg (f)**	summer	**samhradh (m)**
sport	**spórt (m)**	summit	**mullach (m)**
sports equipment	**fearas (m) spóirt**	sun	**grian (f)**
spotlight	**spotsolas (m)**	The sun is shining.	**Tá an ghrian ag**
spotted	**breac**		**taitneamh.**
sprain your wrist, to	**do chaol láimhe a**	sunbathing	**ag déanamh bolg le**
	leonadh		**gréin**
spring	**earrach (m)**	Sunday	**Domhnach (m)**
square (shape/in a	**cearnóg (f)**	sunglasses	**spéaclaí (m) gréine**
town)		sunrise	**éirí (m) gréine**
squash	**scuais**	sunset	**dul faoi na gréine**
playing squash	**ag imirt scuaise**	sunshade	**scáth (m) gréine**
squirrel	**iora (m) rua**	suntan lotion	**ola (f) ghriandíonach**
stable	**stábla (m)**	supermarket	**ollmhargadh (m)**
stage (theatre)	**stáitse (m)**	at the supermarket	**ag an ollmhargadh**
staircase, stairs	**staighre (m)**	supper	**suipéar (m)**
stamp	**stampa (m)**	surgeon	**máinlia (m)**
standing up	**ag éirí**	surname	**sloinne (m)**
to be standing	**ina s(h)easamh**	sweating	**ag cur allais**
star	**réalta (f)**	sweet, charming	**aoibhinn**
starter (meal)	**an chéad chúrsa**	sweet (sugary)	**milis**

sweet-smelling	boladh (m) deas ó
swimming	ag snámh
swimming pool	linn (f) snámha
swing	luascán (m)
switching off the light	ag múcadh an tsolais
switching on the light	ag lasadh an tsolais
Switzerland	An Eilvéis (f)

T

table	bord (m)
bedside table	taisceadán (m)
laying the table	ag leagan an bhoird
tablecloth	éadach (m) boird
tail	eireaball (m)
take a photograph, to	grianghraf a dhéanamh
take someone's pulse, to	cuisle duine a bhrath
take someone's temperature, to	teocht duine a thomhas
take money out of the bank, to	airgead a tharraingt as an mbanc
taking	ag tógáil
taking the bus	ag dul ar an mbus
taking off	ag éirí den talamh
taking out, to draw	ag tarraingt
tall	ard
tame	ceannsa
tanned	griandaite
tap (water)	sconna (m)
tapping the feet	ag preabadh na gcos
tart	toirtín (m)
taste, flavour	blas (m)
tasting	ag blaiseadh
It tastes good.	Tá sé blasta.
taxes	cánacha (f)
taxi	tacsaí (m)
hailing a taxi	ag glaoch ar thacsaí
taxi-driver	tiománaí (m) tacsaí
taxi rank	stad (m) tacsaí
tea	tae (m)
tea towel	éadach (m) soitheach
teacher	múinteoir (m)
teaching	ag múineadh
team	foireann (f)
teapot	taephota (m)
tearing	ag stróiceadh
telegram	teileagram (m)
telemessage	teiletheachtaireacht (f)
telephone	teileafón (m)
telephone area code	códuimhir (f)
telephone box	bosca (m) teileafóin
telephone directory	eolaí (m) teileafóin
telephone number	uimhir (f) theileafóin
to answer the telephone	glaoch a fhreagairt
to dial a number	uimhir a dhiailiú
to make a phone call	glaoch teileafóin a chur ar . . .
telescope	teileascóp (m)
television	teilifíseán (m)
temperature	teocht (f)
to have a temperature	fiabhras a bheith ar . . .
to take someone's temperature	teocht duine a thomhas
tenant	tionónta (m)
tennis	leadóg (f)
playing tennis	ag imirt leadóige
tennis court	cúirt (f) leadóige
tennis shoes	bróga (f) gleacaíochta
tent	puball (m)
term	téarma (m)
thanking	ag gabháil buíochais le . . .
Thank you for your letter of . . .	Gabhaim buíochas leat as ucht do litir dár dáta . . .
Thank you very much.	Go raibh maith agat.
That will be ... cost ...	Cosnaíonn sé . . .
thawing	ag coscairt
theatre	amharclann (f)
theatre (operating)	obrádlann (f)
thermometer	teirmiméadar (m)
the third	an triú
thin	tanaí
third	an tríú
third, a	trian (m)
thirteen	trí déag
thirty	tríocha
thirsty	tartmhar
this evening	tráthnóna (m) inniu
this morning	maidin (f) inniu
thousand, a	míle
thread	snáth (m)
three	trí
three-quarters	trí cheathrú
through	trí(d)
throwing	ag caitheamh
thrush	smólach (m)
thumb	ordóg (f)
thunder	toirneach (f)
thunder storm	stoirm (f) thoirní
Thursday	An Déardaoin (f)
ticket	ticéad (m)
airline ticket	ticéad aerlíne
platform ticket	ticéad ardáin
return ticket	ticéad fillte
season ticket	ticéad séasúir

ticket collector	bailitheoir (m) ticéad
ticket machine	inneall (m) ticéad
ticket office	oifig (f) ticéad
tidying up	ag cur slacht ar
tie	carbhat (m)
tiger	tíogar (m)
tight	teann
tights	riteoga (f)
time	am (m)
to be in/on time	a bheith in am
What time is it	Cén t-am é?
times (maths)	faoi
timetable (studies/work)	amchlár (m)
tin	stán (m)
tinned food	bia (m) stáin
tiny	bídeach
tip	barr (m)
to, towards	i dtreo
today	inniu
toe	méar (f) coise
together	le chéile
toilet	leithreas (m)
tomato	tráta (m)
tomorrow	amárach (m)
tomorrow evening	tráthnóna (m) amárach
tomorrow morning	maidin (f) amárach
tongue	teanga (f)
tooth	fiacail (f)
toothache	tinneas (m) fiacaile
to have toothache	tinneas fiacaile a bheith ar
toothbrush	scuab (f) fiacal
toothpaste	taos (m) fiacal
tortoise	tortóis (f)
touch, to	lámh a leagan ar
tourist	turasóir (m)
towel	tuáille (m)
town	baile (m)
town centre	lár (m) an bhaile
town hall	halla (m) baile
toy	bréagán (m)
track	ráille (m)
tracksuit	culaith (f) spóirt
tractor	tarracóir (m)
trade union	ceardchumann (m)
traffic	trácht (m)
traffic jam	brú (m) tráchta
traffic lights	soilsí tráchta
train	traein (f)
the train from	an traein ó . . .
the train to	an traein go . . .
inter-city train	traein idirchathrach
goods train	traein earraí
traveller	taistealaí (m)
travelling	ag taisteal
travelling by boat	ag taisteal i mbád
tray	tráidire (m)
tree	crann (m)
triangle	triantán (m)
trolley	tralaí (m)
trousers	brístí (m)
trout	breac (m)
trowel	lián (m)
true	fíor
trumpet	trumpa (m)
playing the trumpet	ag seinm an trumpa
trunk (elephant's)	trunc (m)
T-shirt	T-léine (f)
Tuesday	An Mháirt (f)
Tuesday, the 2nd of June	An Mháirt, an dara lá de mhí an Mheithimh
tulip	tiúilip (f)
tune	fonn (m)
turning	ag casadh
turning left	ag casadh ar clé
turning right	ag casadh ar dheis
tusk	starrfhiacail (f)
twelve	dó dhéag
twenty	fiche
twins	cúpla (m)
two	dó
tyre	bonn (m)
to have a flat tyre	bonn ligthe a bheith ag

U

umbrella	scáth (m) fearthainne
uncle	uncail (m)
under	faoi
underground	fobhealach (m)
underground station	stáisiún (m) an fhobhealaigh
underpants (men's)	fobhríste (m)
getting undressed	ag baint a c(h)uid éadaí de (di)
unemployment	dífhostaíocht (f)
United States	Na Stáit (m) Aontaithe
universe	cruinne (f)
unloading	ag díluchtú
up	suas
getting up	ag éirí
upstairs	thuas staighre
going upstairs	ag dul suas an staighre
urgent message stop	teachtaireacht (f) phráinneach stad
phone home stop	cuir glaoch abhaile stad (m)
useful	úsáideach
usherette	banghiolla (m)
USSR	Aontacht (f) na Soivéide

V

vacuuming	ag folúsghlanadh
valley	gleann (m)
van	veain (f)
veal	laofheoil (f)
vegetable patch	ceapach (f) ghlasraí
vegetables	glasraí (m)
Very well, thank you (answer to 'How are you?').	Go han-mhaith, go raibh maith agat.
vest	veist (f)
vicar	biocáire (m)
video	fís-théipthaifeadán (m)
video camera	ceamara (m) físe
view	radharc (m)
village	sráidbhaile (m)
vine	fíniúin (f)
vinegar	fínéagar (m)
vineyard	fíonghort (m)
violin	veidhlín (m)
playing the violin	ag seinm ar an veidhlín
volume	toirt (f)
voting	vótáil (f)

W

wagging its tail	ag croitheadh a eireabaill
waiter	freastalaí (m)
waiting	ag fanacht
waiting for	ag fanacht le . . .
waiting-room	seomra (m) feithimh
waitress	freastalaí (m)
walk	siúil
to go for a walk	ag dul ag siúl
to go for a stroll	ag spaisteoireacht
to take the dog for a walk	an madra a thabhairt ag siúl
walking barefooted	ag siúl cosnochta
wall	falla (m)
wallet	vallait (f)
wash your hair, to	ag ní do chuid ghruaige
washing	ag ní
washing clothes	ag ní éadaí
washing line	líne (f) éadaigh
washing-machine	measín (m) níocháin
washing-up	ag ní na gréithe
wasp	puch (m)
watch (wrist)	uaireadóir (m)
watching	ag féachaint
watching television	ag féachaint ar an teilifís

water	uisce (m)
mineral waters	uiscí mianra
watering can	canna (m) spréite
water skiing	ag sciáil ar uisce
wave	tonn (f)
way, path	cosán (m)
to ask the way	ag fiafraí eolas an bhealaigh
Which way is . . .	Céard é an bealach?
weak	lag
wearing	ag caitheamh
wearing glasses	ag caitheamh spéaclaí
weather	aimsir (f)
weather forecast	réamhaisnéis (f) na haimsire
wedding	bainis (f)
wedding ring	fáinne (m) pósta
Wednesday	An Chéadaoin (f)
weed	fiaile (f)
weeding	ag gortghlanadh
week	seachtain (f)
weekend	deireadh (m) seachtaine
weighing	ag meá
to weigh yourself	tú féin a mheá
weight	meáchan (m)
well	go maith
to have eaten well	tar éis béile maith a ithe
Very well, thank you (in answer to 'How are you').	Go han-maith, go raibh maith agat.
well, to be	a bheith ar fónamh
wellington boots	buataisí (f) rubair
west	iarthar (m)
What is the weather like?	Cad é an cineál aimsire atá ann?
What size is this?	Cén tomhas (m) é seo?
What's your name?	Céard is ainm duit?
What time is it?	Cén t-am é?
What would you like?	Céard ba mhaith leat?
wheat	cruithneacht (f)
wheel	roth (m)
wheelbarrow	barra (m) rotha
Which way is . . . ?	Céard é an bealach . . .?
whispering	ag cogarnaíl
white	bán
Who's speaking (on the phone)?	Cé atá ag labhairt?
width	leithead (m)
wife	bean (f) chéile
wild	fiáin
wild flowers	bláthanna (m) léana

wind	gaoth (f)
window	fuinneog (f)
window-shopping	ag féachaint isteach sna fuinneoga
shop window	fuinneog siopa
windscreen	gaothscáth (m)
windsurfing	ag clársheoltóireacht
It's windy.	Tá sé gaofar.
wine	fíon (m)
wing	sciathán (m)
winning	ag buachaint
winter	geimhreadh (m)
wiping	ag glanadh
with	le
with balcony	le balcóin (f)
with bathroom	le seomra (m) folctha
without	gan
woman	bean (f)
wood	adhmad (m)
wooden, made of wood	déanta d'adhmad
woodwork	adhmadóireacht (f)
wool	olann (f)
woollen	(éadach) (m) olla
word	focal (m)
worker	oibrí (m)
working	ag obair
world	domhan (m)
I would like . . .	Ba mhaith liom . . .
wrapping	páipéar (m) beartán
wrist	caol (m) láimhe
write a cheque, to	seic (m) a scríobh
write a letter, to	litir (f) a scríobh
writing	ag scríobh
writing paper	páipéar litreach

Y

yawning	ag déanamh méanfaí (f)
year	bliain (f)
yellow	buí
yes	is ea
yesterday	inné
yesterday evening	tráthnóna (m) inné
yesterday morning	maidin (f) inné
yoghurt	eogart (m)
young	óg
younger than . . .	níos óige ná . . .
Yours faithfully,	Mise le meas,

Z

zebra	séabra (m)
zero	náid (f)
zip-fastener	sipdhúntóir (m)
zoo	sú
zoo-keeper	coimeádaí (m) sú

Published in Ireland by
Gill & Macmillan
Hume Avenue, Park West, Dublin 12
with associated companies throughout the world
www.gillmacmillan.ie
© Usborne Publishing Ltd 1988, 2002
© Irish translation 1990, 2004
978 07171 4734 2
Printed in Dubai